Fuenteovejuna

A prose adaptation
for intermediate students and beyond

Marcel C. Andrade

Illustrations by Kris Paterson

Filomena Giancroce

National Textbook Company
a division of *NTC Publishing Group* • Lincolnwood, Illinois USA

The author wishes to express his appreciation to Professor de Armas (Pennsylvania State University) and Professor John E. Keller (University of Kentucky) for their invaluable suggestions and commentaries in the preparation of this edition. My appreciation also to my student, Barbara Ledford.

To my outstanding students during the past twenty years, as a tribute to their excellence: Germán X. Andrade, Philip Benfield, Kathy Crain, Jackie Crawford, Ramona Griffin Pace, Mary Ann Lampley, Barbara Ledford, Elizabeth McKay, William Mizelle, Akifumi Miyamura, Mariko Nakamura, María Noto, Linda Oliver, Michaela Ozelsel, Carolyn Scheviak, Elizabeth Sherman, Carmen Smathers, Debra Smathers, Sharon Smith, Katherine Worrall, Linda Mockler, William Buchanan (*In memoriam*), Lawrence Lytle (*In memoriam*).

1996 Printing

Published by National Textbook Company, a division of NTC Publishing Group.

Manufactured in the United States of America.

6 7 8 9 VP 9 8 7 6 5 4 3

Contents

Contenido

Introduction

Spanish drama of the sixteenth and seventeenth centuries is similar in many ways to its Elizabethan counterpart. During this period, Spain became the most influential country in Europe. The immense economic and political power achieved during the reigns of Charles V (1517–1556) and Phillip II (1556–1598) marks the period of Spain's domination over the Low Countries and Italy, as well as the exploration and development of the Americas. The emergence of Spain as a great economic power lies at the heart of the flowering of artistic activity that took place in the seventeenth century (the Spanish Golden Age)—the age of Cervantes, Lope de Vega, Tirso de Molina, and Calderón.

Born in Madrid in 1562, Lope Felix de Vega Carpio ("Lope de Vega," as he is called) is second only to Cervantes in the roster of Spain's greatest writers. Cervantes himself labeled Lope "The prodigy of nature." What better description for a playwright who created 1,800 plays, 600 of which still survive? During his lifetime, Lope wrote more than three times as much as prolific writers such as Galdós, Balzac, Dickens, and Tolstoi.

A man of turbulent personality, Lope was an adventurer who went off with the Spanish Armada and who returned, if not victorious, at least enriched by epic experiences. Having married twice and fathered fourteen children by his wives and mistresses, Lope's amorous adventures were almost as numerous as his plays. An exuberant and worldly genius, this playwright played many roles in his own life: writer, lover, soldier, *and* priest. (Lope took religious orders in 1614. Nonetheless, he once again became infatuated with a woman thirty years younger than he—the "Amarilis" of his pastoral poems.) He filled his real-life roles with a flamboyancy and vigor that rank him among world literature's most colorful personalities. Lope died at the age of seventy-three, embittered over the death of his favorite son, the elopement of his most beloved daughter, the blindness and insanity of his "Amarilis," and the poor reception accorded his last plays. The themes of adventure, love, and religion summarize the course of his personal life.

Lope's entrance on the literary scene was marked by a burst of energy and versatility. He composed epics, pastorals, odes, sonnets, lyric poetry, ecologues, novels, short stories, and epistles. Nonetheless, he found his true genius in drama. Indeed, he is considered the father of Spanish drama (as Shakespeare is for England). Lope developed the form of the three-act play, invented the "cloak-and-dagger" romance of intrigue and manners, wrote sacred plays (*autos*), and poured forth melodramas, histories, and plays that became the forerunners of the "drama of the masses" (*Comedia proletaria*).

The following are dramatic genres established and/or cultivated by Lope:

1. the drama of manners and intrigue (*Comedias de capa y espada*);
2. the play of court intrigue (*Comedias palaciegas*);
3. the pastoral drama (*Comedias pastoriles*);
4. the theater of character (*Comedias de carácter*);

5. the religious drama (*Comedias de santos*);
6. the historical play (*Comedias históricas*);
7. the theater of mythological themes (*Comedias mitológicas*);
8. the plays based on themes drawn from Renaissance narratives (*novellas*) (*Comedias novelescas*).

Given the sheer quantity of Lope's creative output, the prolific playwright naturally produced unequal and generally unpolished plays. Nonetheless, his inventive genius was coupled with a mastery both of plot construction and of dramatic action. Imbued with these qualities, Lope's theater served as a model that other dramatists would subsequently perfect. The paradigm was based on the quick moving, romantic *Comedia nueva*. (*Comedia* has the general meaning of "drama" in Spanish.) Lope took the most dramatic themes of national history and contemporary life and established a national drama that dealt with Spanish subject matter. At the same time, he freed his plays of all rules and theories, except those that he had personally devised. Lope explains his dramatic theory in a poem entitled *Arte nuevo de hacer comedias en este tiempo* (1609). Of the three classical unities of drama (time, place, and action), Lope asserts that only action is important.

Much like Shakespeare, Lope wrote his plays both to earn his livelihood *and* please the masses. Based on well-known popular subjects, his dramas explored the Golden Age theme of *honor.* While it would be difficult to draw up a list of representative plays, the following are among his best known:

1. *El mejor alcalde, el rey* (1620–23?), a play based on an actual incident in which a poor man is oppressed by a nobleman and avenged ultimately by the king himself.
2. *Peribáñez y el comendador de Ocaña* (1609–12?), another historical play about oppression, where the villain is again a nobleman, while the king serves as the defender of justice.
3. *El acero de Madrid* (1609), a typical cloak-and-dagger play that served as the inspiration for Molière's *Le médecin malgré lui*.
4. *La dama boba* (1613), a comedy whose theme is that "Love cures all," including a low I.Q.
5. *El perro del hortelano* (1613–15?), a play that pits a young man against a Countess who refuses his offer of marriage, while jealously forbidding him to marry her rival.
6. *El castigo sin venganza* (1631), in which Lope condemns the cruelty and contradictions of the traditional "code of honor."

Fuenteovejuna is perhaps Lope de Vega's best-known play. Based on an actual historical event, it dramatizes the uprising of an entire village against the abuses of a powerful nobleman. It received a warm reception at the time of its first staging (1612–14?) and remains one of Lope's most popular plays. The principal events of the drama occur as follows:

During the first act, Fernán Pérez de Guzmán, the Knight Commander (Overlord) of Fuenteovejuna, abuses his authority by making amorous advances to the peasant women of the village and by humiliating the humble peasants and tradesmen under his jurisdiction. In a major insult to the town's leadership, Fernán tries to force his attentions upon Laurencia, daughter of Esteban, who is one of Fuenteovejuna's two Mayors. As the girl struggles against him, Frondoso, a young man in love with Laurencia, appears on the scene. Frondoso snatches Fernán's crossbow from the ground and aims it at the Commander's heart. Bravely, he threatens to kill the Commander unless the nobleman releases Laurencia. The humiliated Fernán frees her, but swears that his vengeance on Frondoso will soon follow.

In the second act, Fernán continues his abuses of power. He first plunders the peasants' stockpiles of grain and then asks Esteban to order his daughter Laurencia to accede to his desires. Upon hearing this humiliating request, Esteban bitterly condemns Fernán for his baseness. Enraged, Fernán orders all peasants present at the scene to return to their homes—not together, but one at a time, so that no conspiracy against him may be hatched. Fernán next orders his henchmen Flores and Ortuño to flog the comical but sympathetic Mengo for attempting to stop the kidnapping of his kinswoman Pascuala, the next intended victim of the tyrant. Fernán then leaves the town to lead a military campaign. During his absence, all of Fuenteovejuna gathers to celebrate the wedding of Frondoso and Laurencia. Fernán returns to town in the midst of the festivities, arrests the newlyweds, and imprisons them for eventual punishment.

In the course of the third act, the whole town rises in revolt against Fernán. Laurencia escapes from Fernán's castle and succeeds in gathering together an army of women, who set out to punish Fernán's offences against their honor. Eventually, both the men and women of Fuenteovejuna attack the tyrant's castle, killing and beheading him. They proceed to loot his property and finally parade his head around the town square. Although wounded, Fernán's accomplice Flores escapes to the city of Tordesillas where the Catholic Monarchs, Fernando and Isabel, are residing. He reports the incident at Fuenteovejuna to the King and Queen, and they order an inquiry. The interrogation and torture of 300 townspeople fail to identify the killer, because those questioned will only confess that the whole town of Fuenteovejuna killed Fernán. The frustrated Inquisitor transports all the inhabitants of the town to Tordesillas, so that the Monarchs may hear the case and, perhaps, resolve it. The Inquisitor recommends two options: the townspeople's execution or their pardon. When she first sees the humble people of Fuenteovejuna, Isabel asks: ". . . and *these* are the conspirators?" After hearing their side of the story, the Monarchs forgive the people of Fuenteovejuna on a legal technicality, i.e., "No confession, no culprit." Finally, Fernando and Isabel take on personal responsibility for the protection of the town.

Note that the plot of *Fuenteovejuna* reflects a structure common to most three-act plays of the Golden Age:

Exposition (First Act): The main characters, background, conflict, and opposing forces are introduced. Near the end of the first act, the "Initial Impulse" occurs. This is the action that triggers the subsequent events in the play. (In *Fuenteovejuna,* Frondoso aims the crossbow at the Commander's chest, bringing the opposing forces into open conflict.)

Rising Action (Second Act): At this stage, matters take a turn for the worse. The dramatic point known as the "Climax" occurs shortly before the end of the rising phase. (In *Fuenteovejuna,* the Commander interrupts the marriage of Frondoso and Laurencia, thus separating those two main characters.)

Descending Action and *Resolution* (Third Act): The "Catastrophe," "Final Reaction," and "Resolution" all take place during the last act. (In *Fuenteovejuna,* the death of the Commander is the Catastrophe, while the investigation and torture of the people constitute the Final Reaction. The Resolution takes place at the end of the play, with the wise judgments of Fernando and Isabel.)

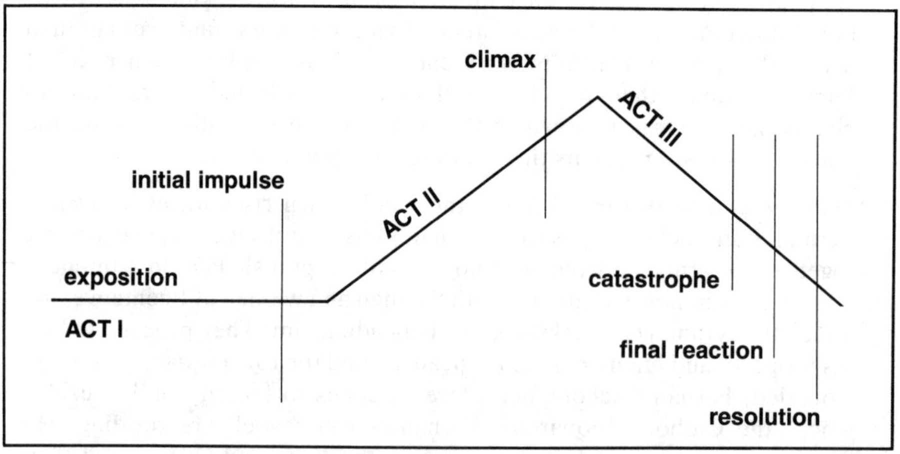

After Lope's death, his fame was somewhat obscured by that of Pedro Calderón de la Barca. Nonetheless, Lope remained popular with the majority of theatergoers, even though intellectuals preferred Calderón. Lope again lost some of his popularity during the eighteenth century, when neoclassical drama was in vogue in Spain. In the nineteenth century, however, Lope's work was again admired when the German Romantics sparked renewed interest in Spanish theater. From that time on, Lope has remained in the highest regard among both literary critics and lovers of Golden Age drama.

Fuenteovejuna°[1]

Fuenteovejuna Sheepwell

Personajes°

Personajes Characters

Fernán Gómez de Guzmán, Comendador Mayor° de la Orden de Calatrava[2]

Comendador Mayor Chief Commander

Ortuño, criado del Comendador

Flores, criado del Comendador

Rodrigo Téllez Girón, Maestre° de la Orden de Calatrava[3]

Maestre Master

Laurencia, hija de Esteban y enamorada de Frondoso

Pascuala, amiga de Laurencia

Frondoso, hijo de Juan Rojo y enamorado de Laurencia

[1] *Fuenteovejuna,* a town in the southern (Andalusian) province of Córdoba, Spain, was held in feudal title by the Order of Calatrava during the sixteenth century.

[2] Members of knightly orders, of which the Order of Calatrava was but one, demanded both privileges of the clergy and of the aristocracy. These leagues flourished in medieval Spain, with the expulsion of the Moors as their common goal. The Masters of these Orders, however, had become rivals to the kings of Spain. Under the reign of Fernando and Isabel, the independence of these institutions was terminated in order to secure a strong central government. Although many orders could be found in other parts of Europe, three were purely Spanish in origin: those of Calatrava, Santiago, and Alcántara. The oldest of these was that of Calatrava, founded in 1158 and chartered in 1164 by the Pope to celebrate the defeat of the Christians over the Moors in the town of Calatrava.

[3] His position of *Maestre* within the same order makes Rodrigo the *Comendador*'s superior.

Barrildo, un amigo de Frondoso
Mengo, amigo de Frondoso y pariente de Jacinta
Alonso, uno de los alcaldes de Fuenteovejuna
Esteban, otro alcalde de Fuenteovejuna y padre de Laurencia
La reina **Isabel** de Castilla
El rey **Fernando** de Aragón
Don Manrique, Maestre de la Orden de Santiago
Regidores°
Leonelo, un licenciado
Juan Rojo, padre de Frondoso
Cimbranos, un soldado
Jacinta, amiga de Laurencia y parienta de Mengo
Un juez
Un niño
Labradores, Soldados y Músicos

Regidores Aldermen

Datos esenciales°

Datos esenciales Background

Fernán Gómez de Guzmán, el Comendador, tiene su encomienda° en Fuenteovejuna. Es un hombre de mediana edad, impaciente, arrogante y orgulloso.° Abusa de su autoridad, sobre todo con las mujeres del pueblo, que son villanas humildes.° Sus dos cómplices son los criados Flores y Ortuño.

La comedia° tiene lugar en el año 1476.[4] Es el tiempo de las guerras civiles de Castilla. Enrique IV,[5] el medio her-

encomienda district under Chief Commander's jurisdiction
orgulloso proud
villanas humildes humble villagers
comedia drama

[4] Of the three unities of classical drama (time, place, and action), unity of action is the only one strictly observed in Golden Age drama. Unity of action was considered absolutely necessary to maintain the flow of the plot. Lope's *comedias* had three acts: the situation was expounded in the first, developed in the second, and brought to a conclusion in the third. The dénouement was left to the last scene, so that the audience—which might guess the outcome—would stay for the play's conclusion.

[5] Enrique IV was king of Castile from 1454 to 1474. After his death, Castile was divided in two factions: those in favor of Juana *"la Beltraneja,"* and supporters of Fernando and Isabel.

mano de Isabel,[6] para evitar mayores controversias, la nombró como heredera de Castilla. Enrique la quería casar con Afonso V, el rey de Portugal,[7] pero ella no quiso vivir bajo la dominación de su medio hermano. Entonces Isabel se casó en secreto con el príncipe de Aragón, don Fernando.[8] Como consecuencia de su matrimonio, Enrique la desheredó,° y nombró a su hija Juana "la Beltraneja,"[9] reina de Castilla.

desheredó disinherited

Afonso V vio la oportunidad de anexar Castilla a Portugal, y se casó con Juana. Enrique murió en 1474 y Castilla se dividió en dos bandos: los partidarios° de Juana, apoyados por un fuerte ejército del rey de Portugal, y los seguidores° de Fernando e Isabel.

partidarios followers

seguidores followers

[6] Isabel of Castile was described by the chroniclers of the time as a beautiful woman—with blond hair, blue-green eyes, and a serene face. She was intelligent, energetic, and just. She possessed dignity, determination, and both moral and physical courage. She also rode spirited horses and hunted. All these traits made her very popular throughout the kingdom. Spaniards often refer to her as the best "king" of Spain. She married Fernando of Aragon in 1469.

[7] Afonso V (1438–1481) wanted to annex Castile into Portugal through marriage with Juana la Beltraneja, who was also his niece. However, when Isabel inherited Castile—after the death of her half-brother—war broke out between the armies of Afonso and those of Fernando and Isabel. This war lasted five years, ending in a victory by the Catholic monarchs.

[8] Fernando's diplomacy was his strength, although it was marked by a tendency toward deceit. He was cosmopolitan, persistent, astute, and cautious. He and Isabel complemented each other. Of the two, he had the better sense of politics, although he was held in less esteem than the Queen. He also was said to be handsome and an excellent swordsman. His marriage to Isabel unified Spain's two largest kingdoms, Castile and Aragon, in 1479.

[9] Although Enrique IV recognized Juana as his daughter, rumor had it that she was really the child of one of the King's favorites, don Beltrán de la Cueva, who was (according to the gossip of the time) the Queen's lover. Juana's possible illegitimacy was exploited by those who favored Isabel as Enrique's successor.

PRIMER ACTO.
Escena I.

Fernán Gómez de Guzmán instiga a batallar a Rodrigo Téllez Girón.

El Comendador, partidario de doña Juana, viene entonces a Almagro[1] para instigarle a Rodrigo a que vaya, con sus caballeros de Calatrava, a batallar en defensa de Ciudad Real,[2] la cual va a ser tomada° por las fuerzas de Fernando e Isabel.

tomada taken

El Comendador entra en el castillo de Rodrigo. Está encolerizado° porque el joven Maestre no está presente para recibirlo.

encolerizado angry

[1] *Almagro* was the seat of the Order of Calatrava. This small town is located near Ciudad Real, south of Madrid.

[2] *Ciudad Real* was founded in 1225 by King Alfonso X, called "the Wise." It was located in the center of Calatrava's domain. In 1477, the inhabitants of this town fought against the king of Portugal and Rodrigo Téllez Girón.

COMENDADOR. ¿Dónde está Rodrigo? ¿No sabe que estoy aquí?

ORTUÑO. Es aún muy joven y . . .

COMENDADOR. ¿No sabe que soy Fernán Gómez de Guzmán?

FLORES. Tal vez no lo sabe. Si es sólo un mozo.° **mozo** young man

COMENDADOR. ¿No sabe que soy su Comendador?

ORTUÑO. No falta quien le aconseje° que no muestre cortesía.[3] **No falta quien le aconseje** There is no lack of those who advise him

COMENDADOR. Así él obtendrá poco amor. La cortesía es la llave° de mi buena voluntad.° La descortesía causa mi enemistad. Rodrigo, al ceñirse espada° y la Cruz de Calatrava en su pecho, debió aprender cortesía. **llave** key **buena voluntad** good will **ceñirse espada** to wear a sword

FLORES. Pronto lo sabrás si tus enemigos lo han predispuesto° contra ti. **predispuesto** predisposed

ORTUÑO. ¿Por qué no regresamos° a Fuenteovejuna si hay dudas? **regresamos** return

COMENDADOR. ¡No! Quiero ver qué es lo que pasa aquí.

(*Entran Rodrigo y su gente.*)

RODRIGO. ¡Perdóname,° Fernán, si te he hecho esperar!° Acaban de darme noticia° de que estás aquí en la villa. Dame tus brazos.[4] **Perdóname** Forgive me **he hecho esperar** I have kept you waiting **darme noticia** given me the news, informed me

COMENDADOR. Estaba yo muy justamente enojado.° Yo **enojado** upset, angry

[3] *Cortesía* was the code of conventional behavior that prevailed among the nobility. It was marked by the qualities of civility, respect, and consideration, as well as by rules governing conventional physical gestures such as bows, body contact, and eye contact.

[4] *Dame tus brazos:* Giving one's hand or arm was a show of friendship and respect. It was also a show of courtesy on the part of the person who made this request.

esperaba que estuvieras presente, ya que somos quienes somos,° tú el Maestre de Calatrava, y yo tu Comendador.

somos quienes somos we are who we are

RODRIGO. No sabía que venías. Dame nuevamente° tus brazos.

nuevamente once again

COMENDADOR. Sí, mucho me debes Rodrigo, porque yo he arriesgado mi vida° para sacarte de muchas dificultades.° Acuérdate que hasta llegué a conseguir que el Papa supliera tu edad° para que tú pudieras ser Maestre de la Orden de Calatrava.

arriesgado mi vida risked my life
sacarte . . . dificultades to get you out of (many) difficulties
supliera tu edad overlook your age

RODRIGO. Es verdad, y por la sagrada cruz que nos cruza el pecho, te honraré como a mi propio padre.

COMENDADOR. Estoy satisfecho.

RODRIGO. Gracias Fernán. Dime, ¿cómo va la guerra?

COMENDADOR. Escúchame y sabrás lo que tienes que hacer porque es tu obligación. Acuérdate que hace ocho años, tu padre, el Maestre don Rodrigo Téllez Girón, renunció su alta posición de Maestre de la Orden de Calatrava y nombró a Juan Pacheco, el gran Maestre de la Orden de Santiago[5] como tu coadjutor.° Acuérdate que reyes y comendadores firmaron y juraron esta acta.° Acuérdate que el Papa Pío II, y su sucesor el Papa Paulo lo aprobaron en sus bulas.[6]

Bien, ahora te diré el propósito de mi venida.° Ha muerto tu coadjutor Juan Pacheco, y te toca el gobierno° de tu dominio,° a pesar de tu corta edad.

coadjutor coadjutor, assistant
acta document
mi venida my visit
el gobierno the administration
dominio territory, region

[5] The Order of Santiago was established some ten years after that of Calatrava. One of its special missions was to protect pilgrims on their way to Compostela, a city in northwestern Spain (province of Galicia), where the remains of St. James (*Santiago*), patron saint of Spain, are said to be buried.

[6] *Bulas* are official documents, edicts, or decrees issued by the Pope.

Ahora bien, éste es el momento en el que tienes que tomar las armas° en honor de tu familia. Desde la muerte de Enrique IV, tu familia ha luchado en defensa del Rey Afonso de Portugal, quien reclama el trono de Castilla para su esposa, Juana, la sobrina de Isabel. Fernando de Aragón, a su vez, reclama Castilla, para su esposa Isabel. Tus parientes no consideran el reclamo de Isabel tan justo como el de Juana, quien está donde Afonso, tu primo hermano.° Y es ésta la razón por la que vengo a aconsejarte que reunas a los caballeros de la Orden de Calatrava en Almagro, y luego deberás tomar Ciudad Real que divide Andalucía de Castilla.

tomar las armas to take up arms; to rally the knights of Calatrava

primo hermano first cousin

Para la batalla necesitarás poca gente, porque son muy pocos los que defienden a Isabel, o consideran a Fernando su rey. Será maravilloso, Rodrigo, aunque eres niño, que asombres° con tu valor a todos los que dicen que la cruz de Calatrava es muy grande para tus tiernos hombros.° ¡Emula a los condes de Ureña[7] y de quienes provienes! ¡Emula a los marqueses de Villena![8] ¡Saca tu blanca espada y hazla roja como la cruz de Calatrava, con la sangre de batalla! No podré llamarte Maestre de la Cruz Roja si tu espada está aún blanca. Y tú, Girón soberano,[9] ¡aumenta la gloria y fama inmortal de tus antepasados!

asombres astonish, amaze

tiernos hombros young shoulders

emula = eliminate

RODRIGO. Fernán Gómez, verás como yo abraso,° como violento rayo, los muros de Ciu-

abraso burn

[7] *Condes de Ureña,* members of a prominent family of the time and relatives of Rodrigo.

[8] *Marqueses de Villena:* Enrique de Aragón (1384–1434), Marqués de Villena, was known for his writings on science, astrology, and the arts. Many criticized him by saying that he knew a great deal about the heavens and little about the Earth. It was said that he decided to become learned against the wishes of his family. He was named Master of the Order of Calatrava in 1404.

[9] *Girón soberano:* Fernán flatters Rodrigo by calling him "sovereign," as if he were a king.

dad Real. Verán nuestra gente y los extraños° que aunque tengo pocos años hay gran brío° en mi ánimo.° Dime, Fernán, ¿dónde vives? ¿Tienes soldados?

extraños foreigners
brío strength, courage
ánimo spirit

COMENDADOR. Vivo en Fuenteovejuna. Allí no hay soldados, sino gente humilde quien labra y cultiva los campos. Allí no hay soldados ni escuadrones,° pero mis criados, a tu lado, pelearán como leones.

escuadrones troops of horses

RODRIGO. ¿Por qué vives en Fuenteovejuna?

COMENDADOR. Porque durante estos tiempos difíciles escogí mi encomienda allí en esa villa. Bien, Rodrigo, quiero que juntes° a todos tus hombres para que tengas suficientes soldados. No dejes escapar a ninguno.

juntes gather

RODRIGO. Hoy me verás a caballo, con mi lanza al ristre.°

ristre lance in the posture of attack

Rodrigo se prepara entonces para marchar contra Ciudad Real, y el Comendador regresa a su castillo en Fuenteovejuna.

Preguntas

1. ¿Cuándo tiene lugar la comedia? ¿Qué quería Enrique? ¿Qué hizo Isabel?
2. ¿Quién era Juana "la Beltraneja"? ¿Qué hizo Afonso?
3. ¿Qué pasó cuando Enrique murió?
4. ¿Quiénes son Fernán, Rodrigo, Flores y Ortuño?
5. ¿Qué quiere hacer Fernán? ¿Cómo es Fernán?
6. ¿Qué le aconseja Ortuño al Comendador?
7. ¿Por qué no está presente Rodrigo en su castillo?
8. Según Fernán, ¿qué le debe Rodrigo?
9. ¿Por qué tiene que batallar Rodrigo a favor de Afonso?
10. ¿Cómo batallará Rodrigo?
11. ¿Por qué vive en Fuenteovejuna el Comendador?
12. ¿Qué promete Rodrigo?

Escena II.

Laurencia y Pascuala discuten su situación precaria.

Laurencia, la protagonista, es una bella muchacha del lugar. Está encolerizada porque el Comendador la solicita° contra su voluntad. Discute su trance° con Pascuala en la plaza° de Fuenteovejuna.

la solicita courts her
trance bad situation
plaza main square

LAURENCIA. ¡Ojalá que nunca regrese a Fuenteovejuna el Comendador!

PASCUALA. Yo, Laurencia, no quise causarte más pesar° al informarte que ya regresaba de Almagro.

pesar sorrow

LAURENCIA. ¡Ruega al cielo que jamás° lo vea a él en Fuenteovejuna!

jamás never

PASCUALA. Laurencia, yo he visto a más bravas° que tú tornarse en manteca.°

más bravas more courageous
manteca butter

LAURENCIA. No podrá mover mi corazón. Está seco para él.

PASCUALA. No se debe decir: "De esta agua no beberé."[1]

LAURENCIA. ¡Voto al sol[2] que yo lo diré! ¿Por qué razón deberé querer al Comendador? ¿Para casarme con él?

PASCUALA. No.

LAURENCIA. ¡Entonces condeno su infamia! ¡Muchas mozas,° confiando° en él, han terminado burladas!°

mozas girls
confiando trusting
burladas deceived

PASCUALA. Será un milagro si tú te escapas de su mano.

[1] *De esta agua no beberé:* A popular saying equivalent to "Never say never."

[2] *Voto al sol:* Common oath at the time, roughly equivalent to "By Jove!" in Elizabethan English.

LAURENCIA. No será así, Pascuala, porque ya me sigue por un mes, y todo en vano.° Flores y Ortuño, sus alcahuetes,° me quisieron dar un jubón,° un collar° y una peineta.° Además me dijeron tantas cosas de Fernán para hacerme temer . . .° ¡pero no temo!

en vano in vain
alcahuetes go-betweens
jubón blouse
collar necklace
peineta Spanish ornamental comb
hacerme temer to scare me

PASCUALA. ¿Dónde te hablaron?

LAURENCIA. Allá, en el arroyo,° hace seis días.

arroyo brook

PASCUALA. Yo sospecho que te engañarán al fin, Laurencia.

LAURENCIA. ¿A mí?

PASCUALA. Si no a ti, le engañarán al cura[3] de Fuenteovejuna.

LAURENCIA. Aunque soy aún polla,° soy muy dura° de convencer aun para el cura. Pascuala, lo que más me gusta en mi vida es poner un jamón al fuego para comerlo de madrugada,° con un pan que yo sé amasar.° Entonces hurto° de mi madre un vaso de vino, y lo disfruto todo. Luego, al mediodía, me gusta ver la vaca hacer mil caracoles° entre las coles.° Después, si estoy cansada, me gusta comer una berenjena° con tocino.° Más tarde me gusta saborear° las uvas de mi viña,° mientras se prepara la cena de salpicón con aceite y pimienta.° Finalmente me acuesto en mi cama contenta, y rezo el padrenuestro° para que no me deje caer en la tentación de todas las raposerías° de los bellacos° de aquí.

polla a young chicken
dura hard, strong
madrugada at dawn
amasar knead
hurto I steal
caracoles prancings
coles cabbages
berenjena eggplant
tocino bacon, salt pork
saborear to taste
viña vineyard
salpicón con aceite y pimienta chopped beef fried in olive oil and pepper
padrenuestro the Lord's prayer
raposerías wiles
bellacos scoundrels

[3] Priests (*curas*) had great influence on the common people through the confessional. Pascuala's remark implies that the priest might be the one to influence Laurencia on behalf of the Comendador.

PASCUALA. Tienes razón, Laurencia. Los hombres, cuando nos quieren, nos dicen que somos su vida, su ser, su alma y su corazón. Luego después de satisfechos nos llaman "mujeres de pascuas."[4]

LAURENCIA. Tienes razón, Pascuala. No hay que confiarse° de ningún hombre.

confiarse trust oneself

PASCUALA. Lo mismo digo yo, Laurencia.

Después de hacer estas razones, Laurencia y Pascuala salen.

Preguntas

1. ¿Cómo es Laurencia? ¿Por qué está encolerizada?
2. ¿De qué se entera Laurencia? ¿Está contenta por eso?
3. ¿Qué le advierte Pascuala?
4. ¿Cree usted que una joven como Laurencia podía casarse con un Comendador? ¿Por qué?
5. ¿Por qué cree Pascuala que Laurencia no podrá escaparse del Comendador?
6. ¿Por cuánto tiempo la persigue el Comendador? ¿Quiénes lo ayudan? ¿Qué le ofrecieron?
7. Si Flores y Ortuño engañan al cura de Fuenteovejuna, ¿qué le podría pasar a Laurencia?
8. Describa en sus palabras lo que le gusta a Laurencia.
9. ¿Cómo cree Pascuala que son los hombres?
10. ¿Qué opina sobre esto Laurencia?

[4] *Mujeres de pascuas:* easy women (i.e., prostitutes).

Escena III.

Frondoso, Barrildo y Mengo hablan del amor.[1]

Frondoso es un joven labrador, muy galán.° Está enamorado de Laurencia. Mengo es el "gracioso"[2] de la comedia. Barrildo es amigo de ambos.°

galán good looking
ambos both

FRONDOSO. En lo que es o no es amor, Barrildo, ¡tú eres porfiado!°

porfiado stubborn

BARRILDO. Aquí está Mengo, y él nos dirá lo más cierto.

MENGO. Hagamos un convenio antes de llegar donde Laurencia para resolverlo. Cada uno de ustedes me dará un regalo como pago.

BARRILDO. Estoy de acuerdo.° Y si pierdes,° ¿qué me darás?

Estoy de acuerdo I agree.
pierdes lose

MENGO. Te daré mi rabel,[3] al cual estimo más que a mi troje.°

troje granary, barn

BARRILDO. Está bien.

(Llegan donde Laurencia y Pascuala.)

FRONDOSO. ¡Dios les guarde, hermosas damas![4]

LAURENCIA. ¿Nos llamas damas, Frondoso?

[1] *hablan de amor:* For peasants to talk of love—or any other exalted feelings—would have been comical to Lope's audiences.

[2] The *graciosos* in Spanish Golden Age drama lacked moral virtue. They were materialistic and loved physical pleasure. Mengo differs from this stereotype to some degree. He exaggerates, lacks the courage of the others, and complains a great deal about physical pain.

[3] The *rabel* was a three-stringed, medieval shepherd's instrument built like a lute.

[4] *hermosas damas:* This ironic reference to the girls sets the tone for the ironic comparisons that follow.

FRONDOSO. ¡Queremos hablar a la moda del día° . . . como caballeros! El amor hace sutil al hombre que era rudo.° Le convierte en elocuente, al que antes era mudo. El que era cobarde, con el amor es valentón.° Al perezoso° el amor obliga a ser presto° y diligente. Al joven le hace maduro. Al viejo disimula° su vejez. En fin,° el amor es un gran mentiroso. Esto imito° al llamarlas . . . damas.

a la moda del día in the fashion of the day
rudo rude, coarse
valentón braggart, boaster
perezoso lazy
presto quick
disimula conceals
En fin finally
imito imitate

LAURENCIA. Allá en la ciudad,° Frondoso, llaman a eso . . . cortesía. Entre nosotros tenemos un vocabulario descortés, más riguroso, para esta situación.

ciudad city

FRONDOSO. Dilo, Laurencia.

LAURENCIA. Al hombre que es grave,° lo llaman enfadoso.° Inoportuno al que aconseja;° justiciero° al cruel; al que es cortés llaman lisonjero;° al que es cristiano dicen que lo pretende.° Dicen que el mérito es suerte° y la verdad es imprudencia. Llaman necia° a la mujer honesta. Y a la casta° y honrada° la llaman . . . Pero, basta, es suficiente mi respuesta.

grave important
enfadoso troublesome
aconseja advises
justiciero one who rigorously observes justice
lisonjero flatterer
lo pretende pretends it
suerte luck
necia ignorant, stupid
casta chaste
honrada honest

MENGO. Digo que eres una diablita.° ¡El cura te bautizó con un puñado de sal![5]

diablita little devil

LAURENCIA. Si bien entendí, ustedes quieren que yo solucione una disputa que les trae aquí, ¿verdad? Díganla.

FRONDOSO. ¡Escucha, Laurencia, escucha! Confío en tu sensatez.°

sensatez good sense

LAURENCIA. ¿Quiénes han apostado?°

apostado bet

[5] *puñado de sal:* Although Catholic priests baptize with water, according to the folklore of the time, salt was supposed to impart wit.

FRONDOSO. Barrildo y yo, contra Mengo.

LAURENCIA. ¿Qué dice Mengo?

BARRILDO. Dice que no existe el amor.

LAURENCIA. Muchos creen que es pasión.°

pasión lust, passion

BARRILDO. Muchos lo creen, y es necedad.° Sin amor no existiría el mundo.°

necedad foolishness
mundo world

MENGO. Yo no sé filosofía, y ¡ni siquiera° sé leer! Pero digo que los elementos siempre están en discordia. Sin embargo nuestros cuerpos reciben el alimento de los mismos elementos: cólera, melancolía, flema y sangre, claro está.[6]

ni siquiera not even

BARRILDO. Al contrario, Mengo, los elementos están en armonía. La armonía es puro amor.

MENGO. Yo nunca he negado que hay amor natural. Cada uno tiene amor, correspondiente a su amor, que le conserva en su estado.

PASCUALA. ¿Entonces, qué quieres probar?

MENGO. Porque nadie siente amor sino por sí mismo.

PASCUALA. Perdona, Mengo, pero mientes. ¿Es mentira que el hombre ama a la mujer y la mujer a su semejante?

[6] *los elementos:* The Greek philosopher *Empedocles* (495?–435? B.C.) was the first to believe that the elements—air, earth, fire, and water—combined in varying proportions to form all physical creation in the universe. He believed that Strife separated the elements and that Love brought them together again. *Hippocrates* (469–399 B.C.), the father of modern medicine, developed the theory of humors. According to this theory, people were categorized into four groups: *sanguine, phlegmatic, choleric,* and *melancholic*. Sanguines, whose predominant fluid was blood, were thought to be warm, passionate, healthy, communicative, and of a happy disposition. Phlegmatics were dull and apathetic, due to an abundance of phlegm or spinal fluid. Cholerics had an abundance of yellow bile and were ill-natured. Melancholics had an abundance of black bile, so they were sad and depressed.

MENGO. Eso se llama amarse a sí mismo. Dime, ¿qué es el amor?

LAURENCIA. El amor es un deseo de hermosura.

MENGO. Entonces, ¿por qué procura el amor esa hermosura?

LAURENCIA. Para gozarla.

MENGO. Eso lo creo yo. ¿No es el gusto para sí mismo?

LAURENCIA. Es así.

MENGO. Entonces el amor, ¿por quererse a sí mismo, busca lo que le contenta?

LAURENCIA. Es verdad.

MENGO. Pues entonces no hay amor, sino el que digo, que produce placer.

BARRILDO. El cura de Fuenteovejuna dijo una vez que Platón[7] nos enseña a amar el alma solamente, y la virtud de lo amado.

PASCUALA. Barrildo, tú hablas de la materia° que hablan sin resolverlo los sabios° en sus academias.[8]

materia subject
sabios learned men

LAURENCIA. Bien dice Pascuala. Da gracias, Mengo, a los cielos, de que te hicieron sin amor.°

sin amor without love

MENGO. ¿Amas tú, Laurencia?

[7] Plato (427?–347? B.C.) was one of the most celebrated Greek philosophers and educators. His philosophy was certainly an unlikely topic of conversation for the peasants of the time.

[8] Though *academia* was another word for *universidad,* Lope may actually be referring to the literary academies of the time. These were groups that would gather in places ranging from restaurants to private homes. There, authors such as Lope, Cervantes, Calderón, Juan Ruiz de Alarcón, and other intellectuals of the day would meet to discuss their work, exchange ideas, and socialize. The academy also appears as a social vehicle for characters in many plays of the time. The characters would often gather in one anothers' homes to spend evenings enjoying poetry, stories, and music.

LAURENCIA. Sí, amo mi propio honor.[9]

FRONDOSO. (*Celoso*) Ojalá Dios te castigue dándote celos.

BARRILDO. ¿Quién ganó el debate, entonces?

PASCUALA. Deben ir ustedes donde el sacristán,° para que él o el cura solucione la disputa. Laurencia no está enamorada, y yo tengo poca experiencia. ¿Cómo decidiremos quién ha ganado?

sacristán sacristan, sexton, clerk of church

FRONDOSO. Yo he perdido porque me desdeña.°

desdeña disdains, scorns

Frondoso se siente triste porque Laurencia ni siquiera lo toma en cuenta.°

lo toma en cuenta pays attention to him

Preguntas

1. ¿Cómo son Frondoso, Barrildo y Mengo?
2. ¿Qué discuten? ¿Por qué está este tópico fuera de su condición de humildes campesinos?
3. ¿Qué apuestan?
4. ¿Qué es la moda del día? ¿Por qué?
5. ¿Qué opina sobre el amor Laurencia?
6. ¿Por qué dice Mengo que el cura bautizó a Laurencia *con un puñado de sal?*
7. ¿Cuál es la opinión de Mengo sobre el amor?
8. ¿Cuáles son los cuatro elementos?
9. ¿Qué cree Laurencia que es el amor?
10. ¿Qué dijo el cura de Fuenteovejuna sobre el amor?
11. ¿Qué ama Laurencia? ¿Cómo reacciona Frondoso?
12. Compare el concepto del honor de Laurencia con los deseos del Comendador.

[9] *Honor* has always held an important place among values in Spanish culture. The theme of honor can be found in the earliest literature written in Spanish. During Spain's Golden Age, honor was the central theme of the *comedias*.

Escena IV.

Vuelve el Comendador.

Están presentes Frondoso, Laurencia, Pascuala, Mengo y Barrildo. Sale a escena Flores y les relata la batalla y captura de Ciudad Real por Rodrigo y su ejército.

FLORES. ¡Buenos días, buena gente!

FRONDOSO. (*Aparte*)° [1] Este es el criado del Comendador.

Aparte An aside

LAURENCIA. (*Aparte*) ¡Este es un gran azor![2] ¿De dónde vienes, pariente?°

pariente my relative

FLORES. ¿No me ves en uniforme de soldado?°

soldado soldier

LAURENCIA. ¿Regresa ya el Comendador a Fuenteovejuna?

FLORES. Sí, ya terminó la guerra. Muchos amigos perdieron su vida, pero salimos victoriosos.

FRONDOSO. Cuéntanos lo que pasó.

FLORES. ¡Yo fui testigo! Rodrigo atacó a Ciudad Real con dos mil lucidos infantes,° y sus vasallos valientes. Trescientos frailes° y seglares° también cabalgaron,° todos con la cruz roja de Calatrava en su pecho. Rodrigo, su comandante, iba adelante, vestido en una casaca verde,°

infantes sons of kings, or of the highest nobility
frailes friars
seglares laymen
cabalgaron rode on horseback
casaca verde green coat

[1] *Aparte:* An aside. The character speaks privately to the audience or to the reader, communicating inner thoughts that could not be shared with the other characters. This is a dramatic device going back to the time of classical drama. It might be used for comic purposes, to expose someone's secret flaws, or simply to advance the plot. When their audience was uneducated, dramatists used the aside to make sure everything was understood in their plays.

[2] *azor:* Falcons were hawks used by the nobility to catch small game. This sport became known as "falconry," and was brought to Spain by the Arabs, although the Persians were the first to develop it some 4,000 years ago. Figuratively, Flores is a bird of prey (*azor*) who hunts women for the *Comendador.*

bordada° de oro y perlas. Cabalgaba en un gran rucio árabe° gris pintado,° con su cola y su crin° adornadas.

bordada embroidered
rucio árabe Arabian horse
gris pintado dapple gray
cola y crin tail and mane

Cabalgó a su lado Fernán Gómez, su Comendador. Montaba él en un palomino, color de miel° con piernas negras y hocico blanco.° El morrión° de Fernán estaba coronado de plumas blancas.° Llevaba en su brazo un fresno temible° como lanza. Ciudad Real se dispuso a defenderse. Decían sus habitantes que eran súbitos de Fernando e Isabel. Muchos defendieron sus hogares.

miel honey
hocico blanco white muzzle
morrión helmet
plumas blancas white feathers
fresno temible a dreadful ash tree

Entró entonces Rodrigo con su ejército y mandó a decapitar a los rebeldes nobles, y a la plebe° mandó a amordazar, y a azotar° en público. Ahora la ciudad ya está en calma. Allí creen que Rodrigo, cuando madure, caerá como un rayo en África.[3] Su cruz roja conquistará muchas lunas azules.[4] Rodrigo ganó muchas riquezas° en la ciudad y regaló mucho a Fernán y a todos . . .[5]

la plebe the common people
azotar to lash, to whip
riquezas riches

¡Ya oigo música! ¡Regresa el Comendador a Fuenteovejuna! Recíbanle con alegría, porque la buena voluntad es el laurel del triunfo.

(*Entran a escena° el Comendador, Ortuño, los alcaldes Esteban* [*el padre de Laurencia*] *y Alonso, Juan Rojo* [*el padre de Frondoso*] *y músicos.*)

Entran a escena Enter on stage

[3] *caerá como un rayo en África:* The Moors first entered Spain in 711 and, in a relatively short time, conquered much of the nation. Known as *la Conquista,* this military advance was almost immediately countered by *la Reconquista* ("Reconquest"), in which Christians fought the Moslem Moors for repossession of their lands. The Moors stayed in Spain for about 800 years. Their ultimate expulsion from Spanish territory occurred in 1492. Some orders of knighthood continued to fight the Moslems in Africa, even beyond this date.

[4] *cruz roja . . . lunas azules:* The red cross was the emblem of the Order of Calatrava, and the blue crescent was the corresponding emblem of the Moors.

[5] *Rodrigo regaló mucho a todos:* The spoils of war were shared with the officers and soldiers. The word *soldada* ("soldier's pay") comes from *soldado* ("soldier").

(*Cantan los músicos.*)

Sea bien venido
el comendadore
de rendir las tierras
y matar los hombres.
¡Vivan los Guzmanes!
¡Vivan los Girones!
Si en las paces blando,
dulce en las razones.
Venciendo moriscos,
fuertes como un roble,
de Ciudad Reale
viene vencedore;
que a Fuenteovejuna
trae los pendones.
¡Viva muchos años,
viva Fernán Gómez![6]

COMENDADOR. Gente de Fuenteovejuna, gracias. Agradezco el amor que me han mostrado.

ALONSO. Te hemos mostrado sólo una pequeña parte de nuestro amor. Y es poco, para lo que mereces.

ESTEBAN. Fuenteovejuna y sus regidores,° a quienes has honrado, te ruegan que recibas los humildes presentes que traen esas carretas.° Es una expresión de gratitud y no una muestra de riqueza. Lo primero que ves, son dos cestas° de ollas° bien pulidas.° La bandada de gansos° que sacan las cabezas por entre las redes que los contienen, cantan tu

regidores aldermen
carretas ox carts
cestas baskets
ollas pots
bien pulidas well polished
gansos geese

[6] These lines occur in the original text of *Fuenteovejuna* and have been translated as follows: "Welcome, Knight Commander, the conqueror of men and lands. Long live the Guzmans! Long live the Girons! Gentle in peace time, sweet in reasoning. He defeated the Moors, who were as strong as oaks. From Ciudad Real, he comes victorious. He brings banners to Fuenteovejuna in triumph. Long live Fernán Gómez!"

valor guerrero.[7] Ahí están diez cerdos salados,° cien pares de capones y gallinas, de las aldeas vecinas.

salados salted

Aquí no tenemos ni armas ni caballos ensillados con adornos de oro, sino el amor puro de tus vasallos, que es como el oro puro. Ahí tienes también doce cueros de vino.° Y si beben este vino tus soldados, sentirán más valor y calor en batalla. No menciono el queso y otras cosas para tu mesa. Recibe, pues, el tributo de nuestra buena voluntad, y a ti y a tu casa, ¡buen provecho!°

cueros de vino wineskins

¡buen provecho! may you all enjoy it!

COMENDADOR. ¡Gracias, les doy las gracias! Vayan, pues, en buena hora.°

en buena hora in good time

ALONSO. Bienvenido seas, señor. Descansa ahora. Las coronas de espadaña y juncia[8] que para celebrar tus triunfos pusimos en tus umbrales° debieran ser perlas orientales porque tú mereces mucho más.

umbrales thresholds

COMENDADOR. Así lo creo yo, señores.[9] Vayan ustedes con Dios.

ESTEBAN. ¡Cantores, canten otro romance!°

romance ballad, song

(*Cantan.*)

Sea bien venido
el comendadore
de rendir las tierras
y matar los hombres.

[7] For centuries, geese had been used by the military as "guards," because these birds honk and flap their wings when they sense the presence of strangers. Roman history recalls that, when the Gauls crept at night into the citadel of Rome, they managed to escape the notice of both humans and dogs. However, the geese exposed them with their raucous honking.

[8] *espadaña y juncia:* Cattail reeds and sedge (a kind of marsh plant) were typically placed on the doors of returning heroes.

[9] Fernán shows his conceit by agreeing with all the flattery.

Se van todos; sin embargo, el Comendador no va a descansar. Tiene otros planes. Ordena a Laurencia y a Pascuala que se queden en su presencia.

Preguntas

1. ¿Cómo describe Laurencia a Flores? ¿Cómo está vestido él?
2. ¿De qué guerra habla Flores? ¿Quién la ganó?
3. ¿Cómo iba vestido Rodrigo? ¿Cómo era su caballo? ¿Cuántos soldados tenía? ¿Quiénes eran?
4. ¿Cómo iba vestido Fernán? ¿Cómo era su caballo?
5. ¿Cómo castigó Rodrigo a los de Ciudad Real?
6. ¿Por qué piensan que Rodrigo va a ir a África cuando madure?
7. ¿Qué le regala la gente de Fuenteovejuna al Comendador?
8. ¿Qué pusieron los villanos en los umbrales del castillo del Comendador? ¿Por qué?
9. Explique porqué dice Fernán: "Así lo creo yo, señores."
10. ¿Qué manda hacer luego Fernán?

Escena V.

La brutalidad del Comendador.

El Comendador ordena entrar a Laurencia y Pascuala en su castillo.

COMENDADOR. ¡Esperen ustedes dos!

LAURENCIA. ¿Qué manda su señoría?°

su señoría your lordship

COMENDADOR. Me desdeñaste° el otro día, pues, ¿desdeñas conmigo?[1]

me desdeñaste you disdained me

LAURENCIA. ¿Te habla a ti, Pascuala?

[1] *¿desdeñas conmigo?:* The Commander does not believe that any woman would disdain him. His rhetorical question shows once again his tremendous conceit.

PASCUALA. Conmigo no, ¡corre, sal de aquí!

COMENDADOR. Contigo hablo, hermosa fiera° . . . y también con esa hermosa zagala.° ¿No son ustedes mías?

fiera wild beast
zagala young woman

PASCUALA. Sí, señor, pero no para lo que tú quieres.

COMENDADOR. Entren, pasen por mi puerta. No teman, hay hombres dentro de mi mansión.

LAURENCIA. Yo soy hija de un alcalde. Si los alcaldes entraran, estaría bien, entraría yo, pero si no . . .

(*El Comendador, impaciente, pide ayuda a su secuaz, Flores.*)

COMENDADOR. Flores.

FLORES. Sí, señor.

COMENDADOR. ¿Por qué no hacen lo que les dije?

(*Flores da empellones a Laurencia y a Pascuala, tratando de forzarlas a entrar al castillo.*)

FLORES. Entren, pues.

LAURENCIA. ¡Déjanos, no nos agarres!°

no nos agarres do not grab us

FLORES. ¡Adentro . . . ! ¡Qué necias son!°

¡Qué necias son! How foolish (stubborn) you are!

PASCUALA. ¡Arre!° ¡Después cerrarás el postigo!°

¡Arre! Be off!
postigo small door within a larger door

FLORES. Entren, porque el Comendador quiere mostrarles muchas cosas que trajo de la guerra.

COMENDADOR. (*Aparte a Ortuño*) Si entran, Ortuño, cierra el postigo.

(*Entra el Comendador.*)

LAURENCIA. Flores, ¡déjanos pasar,° no te interpongas!°

déjanos pasar let us through
no te interpongas don't get in the way

ORTUÑO. ¿No son ustedes más regalos° para el Comendador?

regalos gifts

PASCUALA. ¡Por Dios, fuera del paso,° o . . . ! (*Forcejan.*°)

fuera del paso out of the way
Forcejan. They struggle.

FLORES. ¡Basta,° que son dos fieras!

Basta Enough

LAURENCIA. ¿No es suficiente para el Comendador toda la carne° que Fuenteovejuna le dio como presente?

carne meat

FLORES. Él te quiere a ti.

LAURENCIA. ¡Que reviente° el tirano!

Que reviente Let him burst

(*Escapan Laurencia y Pascuala.*)

FLORES. ¡Mal reporte llevamos al Comendador! ¿Te imaginas lo que dirá Fernán cuando lleguemos sin ellas?

ORTUÑO. El sirviente se obliga a esto. Si quiere enriquecerse, tiene que pasar por estos trances . . . O hay que tener paciencia o hay que dejar rápidamente el empleo.[2]

(*Entran disgustados Flores y Ortuño.*)

Preguntas

1. ¿Qué ordena el Comendador? ¿A quién habla?
2. Según Pascuala, ¿qué quiere el Comendador?
3. ¿Por qué dice Laurencia que es hija del alcalde?
4. ¿Qué manda el Comendador a Flores? ¿Qué hace Flores luego? ¿Qué dice Laurencia?

[2] Ortuño explains the wretched duties of the servants of the time. Most servants in Golden Age drama are rogues.

5. ¿Qué les promete Flores?
6. ¿Qué manda el Comendador a Ortuño?
7. Laurencia está muy enojada, ¿qué pide?
8. ¿Qué dice Ortuño? ¿Cómo llama a las mujeres Flores?
9. ¿Qué juego de palabras hace Laurencia?
10. ¿Qué le informa Flores a Laurencia?
11. ¿Qué temen Flores y Ortuño cuando escapan Laurencia y Pascuala?
12. Según Ortuño, ¿cuáles son las responsabilidades del sirviente? ¿Cuál es un objetivo del sirviente en general?

Due Mon. Mar. 29th

Escena VI.

Hablan los reyes.

El rey Fernando, la reina Isabel y don Manrique están en la sala del palacio de Medina del Campo.[1] Hablan sobre la guerra civil actual.

ISABEL. Señor, no debemos descuidarnos de Afonso porque tiene ya un gran ejército, y quiere tomar Castilla por la fuerza. Es mejor que lo ataquemos primero. De otra manera, él tomará Castilla.

FERNANDO. Ya he juntado mis regimientos de Navarra[2] y de Aragón. Y estoy reorganizando la resistencia en Castilla, para asegurarnos de nuestra victoria.

ISABEL. Estoy segura de que esto tendrá buen fin.

[1] *Medina del Campo* is a Spanish city in the province of Valladolid. Isabel died there on November 24, 1504.

[2] *Navarra* was a kingdom in the northeast of Spain that once extended into southern France. The capital was, and still is, Pamplona.

MANRIQUE. Con permiso.° Piden audiencia° dos regidores de Ciudad Real.

Con permiso. With your permission.
Piden audiencia Ask for a hearing

FERNANDO. Diles que entren.

(*Salen a escena los dos regidores.*)

REGIDOR 1. Católico rey Fernando, enviado por el cielo, de Aragón a Castilla, para nuestro amparo.° Venimos a nombre de Ciudad Real para pedirte protección. Ciudad Real era tuya, nosotros teníamos gran orgullo de ser tus vasallos, pero Rodrigo Téllez Girón, el Maestre de Calatrava, con gran valor, aunque es aún un niño, pretendiendo aumentar° el territorio de su encomienda, cercó con su ejército Ciudad Real.

Nosotros resistimos a sus fuerzas,° virtiendo° ríos de sangre. Finalmente nos derrotó, tomando Ciudad Real. Pero no nos hubiera atacado si el Comendador Fernán Gómez no lo hubiera azuzado y ayudado. Rodrigo está ahora en posesión de la ciudad y somos sus vasallos, muy a nuestro pesar,° si tú no lo remedias presto,° rey Fernando.

amparo protection
aumentar to increase
fuerzas forces
virtiendo spilling
muy a nuestro pesar much to our sorrow
presto soon

FERNANDO. ¿Dónde está ahora Fernán Gómez?

REGIDOR 1. Creo que está en Fuenteovejuna, porque es su villa. Allí él se toma libertades viles con sus súbditos, quienes viven desdichados.°

desdichados unhappy, distressed

FERNANDO. ¿Tienen ustedes algún capitán?°

capitán noble commander

REGIDOR 2. No, no escapó ningún noble de ser preso,° herido o muerto.

ser preso being taken prisoner

ISABEL. Este caso debe ser remediado rápidamente, porque si demoramos, Rodrigo Téllez Girón tendrá más ventaja. Y Afonso de Portugal, viendo Ciudad

Real en manos de ese insolente, aprovechará la oportunidad y entrará por Extremadura causándonos mucho daño.[3]

FERNANDO. Don Manrique, marcha tú luego a Ciudad Real, como capitán, llevando dos compañías. Pon remedio a las demasías° de Rodrigo, sin darles ningún sosiego.° También puede ir contigo el conde de Cabra, quien es un gran guerrero.

demasías excesses
sosiego calm, break

MANRIQUE. Pondré fin a los excesos de Fernán Gómez, si antes no pierdo la vida.

ISABEL. El éxito de esta empresa° está asegurado, ya que tú estás a cargo de ella.

empresa enterprise

(*Salen todos.*)

Don Manrique prepara el ataque contra Ciudad Real.

Preguntas

1. ¿Cuál es el problema actual de Fernando e Isabel?
2. ¿Por qué piden audiencia dos regidores?
3. ¿Qué piden a Fernando los regidores?
4. ¿Qué hizo Rodrigo? ¿Para qué? ¿Quién lo instigó?
5. ¿Qué pregunta inmediatamente Fernando? ¿Cree usted que Afonso ya sabe algo sobre Fernán?
6. ¿Qué dicen los regidores de los súbditos del Comendador?
7. ¿Por qué no tienen ningún capitán los de Ciudad Real?
8. ¿Qué quiere hacer inmediatamente Isabel? ¿Por qué?
9. ¿Adónde manda Fernando a don Manrique?
10. ¿Qué contesta a esta orden don Manrique? ¿Qué supone Isabel?

[3] Isabel was certainly Fernando's equal. In fact, some historians note that she was more intelligent than the king. Of the two, she was certainly the more industrious, and often worked late into the night. Both monarchs presided jointly over state matters, and they signed all official documents with "*Yo el rey, Yo la reina.*" Coins minted at the time clearly showed the faces of both rulers. The motto of the royal couple further emphasized their equal authority: "*Tanto monta, monta tanto, Isabel como Fernando,*" meaning that both were equals. Today the expression *tanto monta* is used to mean "it amounts to the same" or "it's worth the same."

Escena VII.

Frondoso defiende el honor de Laurencia.

En un arroyo cerca de Fuenteovejuna, Laurencia lava ropa. Luego va hacia unos matorrales° para colgarla.° Ese es el lugar secreto para una cita° con Frondoso. Él la enamora, pero ella le muestra desdén.

matorrales a field full of brambles and briers
colgarla to hang it
cita rendezvous

LAURENCIA. Quiero decirte, atrevido° Frondoso, que tus cortejos° han hecho murmurar a todo el pueblo. Dicen que me miras y te miro. Ya que eres un zagal brioso° y vistes ropa costosa, afirma toda la gente que ya somos uno.° Estas afirmaciones me enojan, pero ni me desvelo ni aflijo.°

atrevido bold, daring
cortejos courtship
brioso spirited, lively
somos uno we are one, married
ni me desvelo ni aflijo I neither lose sleep nor worry

FRONDOSO. Tus desdenes, Laurencia, me hacen sentir que muero. Tú bien sabes que mi intención es ser tu esposo, y pagas mal mi amor.

LAURENCIA. Yo no sé pagar de otra forma.

FRONDOSO. ¿Es posible que no te duelas de mí,° sabiendo que ni duermo, ni bebo, ni como? ¿Es posible tanta dureza en ese rostro angelical? ¡Por Dios, que rabio!

te duelas de mí feel sorry for me

LAURENCIA. Pues, toma alguna medicina, Frondoso.

FRONDOSO. Tú eres mi medicina. Yo quiero que los dos, como dos palomos, unamos nuestros picos° con arrullos . . . después de que nos casemos en la Iglesia . . .

nuestros picos our beaks

LAURENCIA. Dilo a mi tío Juan Rojo, porque aunque todavía no te quiero bien, ya siento un poco.

(*Se ve al Comendador cazando un venado.*°)

venado deer

FRONDOSO. ¡Ay de mí! ¡Ahí está el Comendador!

LAURENCIA. ¡Tal vez él persigue a algún venado, trae su ballesta armada!° Escóndete, Frondoso, entre esas ramas.

ballesta armada cocked crossbow

FRONDOSO. ¡Me esconderé, pero celoso!

(*Se esconde Frondoso, y sale el Comendador.*)

COMENDADOR. No está tan malo venir siguiendo a un venadillo y encontrarse con una bella gama.°

gama doe

LAURENCIA. Yo . . . descansaba un momento, después de lavar una ropa . . . Con su permiso, voy al arroyo.

COMENDADOR. Tus desdenes toscos° me afrentan, bella Laurencia. Siendo tan bella, eres un monstruo. Otras veces pudiste huir de mi amor; pero hoy, en este campo, no serás soberbia, no huirás de tu señor, a quien estimas tan poco. ¿No se me rindieron tantas mujeres en Fuenteovejuna?

toscos coarse, unpolished

LAURENCIA. Esas mujeres, señor, ya pertenecieron a muchos otros mozos . . . ¡Déjame en paz y sigue a tu venadillo! Si no viera en tu pecho la Cruz de Calatrava, pensara que fueras el mismo demonio porque tanto me persigues.°

persigues give chase, harass me

COMENDADOR. ¡Tu estilo me es enfadoso!° (*Aparte*) Pondré en el suelo la ballesta, y la forzaré con mis propias manos . . .

estilo . . . enfadoso heavy, cumbersome style, manner

(*Trata de forzarla.*)

LAURENCIA. ¿Estás loco? ¿Sabes lo que haces?

(*Sale Frondoso y toma la ballesta que está en el suelo.*)

COMENDADOR. ¡No te defiendas, Laurencia!

FRONDOSO. (*Aparte*) ¡Si pongo la ballesta al hombro, lo mato!

COMENDADOR. ¡Ríndete!

LAURENCIA. ¡Dios mío, ayúdame!

COMENDADOR. Estamos solos. No tengas miedo.

FRONDOSO. ¡Por Dios deja, Comendador generoso, a esa moza! O tu pecho será blanco de esta ballesta, aunque respeto la Cruz de Calatrava.

COMENDADOR. ¡Perro, villano!

FRONDOSO. No hay aquí ningún perro . . . ¡Huye, Laurencia!

LAURENCIA. ¡Mira lo que haces, Frondoso!

FRONDOSO. ¡Huye, Laurencia!

COMENDADOR. ¡Fue locura poner en el suelo mi ballesta!

FRONDOSO. ¡Por Dios, señor, si toco el gatillo° morirás!

gatillo trigger

(*Escapa Laurencia.*)

COMENDADOR. Ya se fue Laurencia. ¡Suelta la ballesta, villano, alevoso!°

alevoso treacherous

FRONDOSO. Si la suelto, me quitarás la vida. El amor es sordo, señor.

¡Por Dios deja, Comendador generoso, a esa moza! O tu pecho será blanco de esta ballesta, aunque respeto la Cruz de Calatrava.

COMENDADOR. ¿Tú crees que yo me rendiré a un villano? Dispara° la ballesta, infame, y guárdate, porque voy a romper las leyes de caballería.[1]

Dispara Fire

FRONDOSO. ¡Eso no! Yo me conformo con mi estado. Debo proteger mi vida. Me voy, y llevo conmigo tu ballesta.

(*Sale Frondoso.*)

COMENDADOR. ¡Qué humillación! Yo me vengaré luego . . . del agravio. ¡Dios mío, qué vergüenza!

El Comendador, furioso, camina de vuelta a su castillo.

Preguntas

1. ¿Dónde está Laurencia? ¿Qué hace? ¿A quién verá? ¿Por qué?
2. ¿Qué le dice Laurencia a Frondoso?
3. ¿Qué responde Frondoso? ¿Lo ama Laurencia?
4. ¿Qué está haciendo el Comendador? ¿Qué trae en su mano?
5. ¿Qué hace entonces Frondoso?
6. Explique la "doble" caza del Comendador.
7. ¿Qué responde Laurencia al Comendador? ¿Qué quiere hacer ella?
8. Según el Comendador, ¿por qué debe rendirse Laurencia?
9. ¿Cómo eran las mujeres que se le rindieron al Comendador?
10. ¿Por qué cree Laurencia que el Comendador es un demonio?
11. ¿Qué piensa hacer el Comendador? ¿Dónde pone la ballesta?
12. ¿Qué hace Frondoso? ¿Qué amenaza al Comendador?
13. ¿Cómo reacciona el Comendador? ¿Cómo llama a Frondoso?
14. ¿Cree usted que Frondoso es capaz de matar al Comendador? ¿Por qué?
15. ¿Por qué cree usted que Frondoso no soltó la ballesta?
16. ¿Por qué no quiere rendirse a un villano el Comendador?
17. ¿Qué hace entonces Frondoso? ¿Qué hará el Comendador?

[1] The laws of chivalry forbade a nobleman to fight a peasant.

SEGUNDO ACTO.
Escena I.

Los villanos se cansan del Comendador.

Esteban, el padre de Laurencia, habla con un regidor sobre la mala situación actual de Fuenteovejuna.

ESTEBAN. Ojalá que Fernán Gómez no saque° más del pósito.° Aunque está lleno, tendremos un mal año de cosechas, y es mejor tener nuestro grano almacenado.°

REGIDOR. Yo pienso así, porque me gusta gobernar en paz esta comarca.°

saque takes out
pósito public granary
almacenado stored
comarca district

ESTEBAN. Supliquemos° a Fernán Gómez que así lo haga. Esos astrólogos[1] de hoy son insufribles. Todo lo predicen, incluyendo las cosechas, y siempre fallan.° Tratan de persuadirnos con sus largos prólogos, de los secretos que sólo Dios sabe.

Así, el más sabio de ellos es ignorante. ¿Tienen los astrólogos las nubes y las estrellas en sus casas? ¿Cómo ven lo que pasa en el cielo? Predicen tantas cosas . . . y luego nos piden que les demos trigo, cebada, legumbres, calabazas . . . ¡Y ellos son, por Dios, las calabazas!°

Supliquemos Let's request

fallan fail

calabazas pumpkins, (*fig.*) silly people

(*Salen a escena el licenciado° Leonelo y Barrildo.*)

licenciado any scholar in Spanish universities

LEONELO. Ya veo ocupada la banca de los chismes.° ¡Llegaron ustedes dos primero . . . !

chismes gossip

BARRILDO. ¿Qué tal te fue° en Salamanca,[2] Leonelo?

¿Qué tal te fue . . . ? How did it go . . . ?

LEONELO. Mi historia es larga . . .

BARRILDO. Ya serás tan sabio como Bártulo.[3]

LEONELO. ¡Ni siquiera como un barbero![4] Pero he procurado aprender lo que es importante.

[1] *astrólogos:* There were two branches of astrology at the time: *astrología natural,* which was legal, later became the science of astronomy; *astrología judiciaria,* which was illegal, is now known as "astrology."

[2] The University of Salamanca, founded in 1220 by Alfonso IX, was one of the two greatest universities of the time. During the sixteenth century, it had more than 6,000 students. The Catholic monarchs built the current campus, which is renowned for its architecture. The second great university was that of Alcalá de Henares, founded in 1508 by Cardinal Cisneros. Cervantes came from the town of Alcalá de Henares, which is not far from Madrid.

[3] *Bártulo* was a celebrated Italian scholar (1314–1337).

[4] *barbero:* Barbers were the objects of literary satire. They were characterized as pseudoerudites and gossipers.

BARRILDO. Después de leer tanto libro impreso, todo el mundo presume de sabio.

LEONELO. Los ignorantes se confunden con el exceso de letras. Sólo entienden breves sumarios. El que tiene más uso° de leer, también está confuso con tanta letra. No niego que la imprenta sacó muchos ingenios° de entre la jerga.° Las Sagradas Escrituras° serán resguardadas° del tiempo. Esta invención se debe a un famoso tudesco° de Maguncia° quien se llama Gutenberga.°[5]

Muchos hombres respetables perdieron su respeto cuando imprimieron sus obras. Después imprimieron sus ignorancias con el nombre de otros más sabios. Otros envidiosos, escribieron locuras y firmaron como autor el nombre del hombre a quien aborrecían.[6]

más uso is more used to
ingenios talents
jerga gibberish; common people
Sagradas Escrituras Holy Scriptures
resguardadas protected
tudesco German
Maguncia Mainz
Gutenberga Gutenberg

BARRILDO. Yo no creo eso . . .

LEONELO. Barrildo, es justo que el ignorante se vengue° del letrado° . . .

se vengue take revenge
letrado learned

BARRILDO. Leonelo, la imprenta es muy importante . . .

LEONELO. Muchos siglos han pasado sin imprenta, y no veo en este siglo un San Jerónimo, o un San Agustín . . .[7]

[5] *Johannes Gutenberg* invented the printing press in Mainz, Germany, in 1434.

[6] Lope was a best-selling playwright during his lifetime. However, this success also created problems, because he often was the victim of plagiarism. Many others wrote plays and signed Lope's name to them in order to guarantee instant success. Others, who either disliked Lope or were envious of his success, wrote inferior poems under his name.

[7] Saint Jerome (347?–420) was one of the learned Fathers of the early Christian Church. His translation of the Bible from Hebrew to Latin is known as the Vulgate version and is still the official Roman Catholic version. Saint Augustine (354–430) was another leader of the early Church. His writings influenced medieval religious thought, as well as the philosophers Pascal and Kant.

BARRILDO. Dejemos este sujeto. Estás enojado ya . . . Siéntate un rato.

(*Salen a escena Juan Rojo y otro labrador.*)

JUAN ROJO. Por lo que veo, ¡no hay en Fuenteovejuna lo suficiente ni para un dote!° Por lo visto la gente de esta comarca está confusa.

dote dowry

LABRADOR. ¿Qué nuevas hay del Comendador . . . ? ¡No se exciten ustedes!

JUAN ROJO. ¡Lo que trató de hacer a Laurencia en este mismo campo, es increíble!

LABRADOR. ¡Yo quisiera ver a ese bárbaro lascivo,° ahorcado° en una rama de aquel olivo.°

lascivo lascivious
ahorcado hung
olivo olive tree

Los habitantes de Fuenteovejuna se sienten vejados° por todos los abusos del Comendador, especialmente por su lujuria° hacia Laurencia.

vejados vexed, humiliated
lujuria lust

Preguntas

1. ¿Cuál es el problema del pósito de Fuenteovejuna?
2. ¿Cómo son los astrólogos?
3. ¿Qué es la banca de los chismes?
4. ¿Quién es Leonelo? ¿Qué hace?
5. ¿Qué dice Leonelo de los libros del tiempo? ¿Cree usted que ésta es la opinión de Lope? ¿Por qué?
6. ¿Por qué opina Barrildo como si fuera un hombre ilustrado, si en realidad posiblemente no sabe leer?
7. ¿Qué comenta Juan Rojo?
8. ¿Quién está causando estos estragos?
9. ¿Qué quisiera ver el labrador?
10. ¿Cómo se sienten los habitantes de Fuenteovejuna?

el dishonor

Escena II.

La arrogancia del Comendador.

Están presentes Esteban, un regidor, Leonelo, Barrildo, Juan Rojo y otro labrador. Entran en escena el Comendador, Flores y Ortuño. El Comendador está cazando liebres° con la ayuda de su perro galgo.°

liebres hares
galgo greyhound

COMENDADOR. Buenos días, buena gente.

REGIDOR. ¡Oh, es nuestro señor!

COMENDADOR. No se pongan de pie,° siéntense.

No se pongan de pie Don't stand up

ESTEBAN. Siéntese vuestra merced° donde le guste. Nosotros estaremos muy bien de pie.

vuestra merced your mercy, lordship

COMENDADOR. ¡Les ordeno sentarse!

ESTEBAN. El honor pueden dar sólo los que lo tienen. Nosotros no lo tenemos.[1]

COMENDADOR. Siéntense, quiero hablarles de algo . . .

ESTEBAN. ¿Señor, dónde está el galgo que te dimos?

COMENDADOR. Alcalde, ¡mis criados están asombrados de su gran ligereza!

ESTEBAN. ¡Es un galgo increíble! Apuesto que puede correr al lado de un delincuente o del cobarde en cuestión.[2]

[1] Esteban is saying that, because of Fernán Gómez, the people of Fuenteovejuna have lost their honor; however, the *Comendador* does not understand the mayor's accusation.

[2] The parallel between the greyhound hunting hares and the *Comendador*'s pursuit of women is missed by Fernán Gómez, who does not even realize that he has been called *delincuente* and *cobarde*.

COMENDADOR. Yo quisiera en esta ocasión, que ayuden ustedes a mi galgo a cazar a una liebre que se me está escapando por entre mis pies . . .

ESTEBAN. ¡Con gusto lo haré! ¿Dónde está?

COMENDADOR. Está allá . . . Es tu hija . . .

ESTEBAN. ¡Mi hija!

COMENDADOR. Sí.

ESTEBAN. ¿Es ella una mujer noble como para ti?

COMENDADOR. Alcalde, ¡regáñala° por Dios!

regáñala scold her

ESTEBAN. ¿Cómo?

COMENDADOR. Ella insiste en darme pena. Mira que las mujeres principales de Fuenteovejuna, con gusto me ven.

ESTEBAN. ¡Hacen mal! Y tú, señor, no haces bien en hablar tan libremente.°

libremente loosely, freely

COMENDADOR. ¡Oh, qué villano tan elocuente! Flores, dale una copia de la *Política* de Aristóteles[3] para que la lea . . .

ESTEBAN. Señor, el pueblo sólo desea vivir bajo tu honor. Mira que hay gente de principios en Fuenteovejuna.

LEONELO. (*Aparte*) ¡Qué sinvergüenza° es este Comendador!

Qué sinvergüenza How shameless

COMENDADOR. Pues, ¿he dicho algo que te cause pesar, regidor?

[3] Aristotle (384–322 B.C.) was a Greek philosopher, educator, and scientist, whose influence on Western civilization is still felt today. The *Politics* was one of his many works.

REGIDOR. ¡Lo que tú dices es injusto, porque no es justo que nos quites el honor!

COMENDADOR. ¿Qué honor tienen ustedes, frailes santos de Calatrava?[4]

REGIDOR. Alguien tal vez se alaba de la cruz de Calatrava y no tiene sangre tan limpia.[5]

COMENDADOR. ¿Y yo la ensucio juntándola con la tuya? De cualquier manera, las mujeres de ustedes se honran con mis amores.[6]

ESTEBAN. Tus palabras nos deshonran, y tus obras son viles.

COMENDADOR. ¡Qué importunos son estos villanos! ¡Ah! Dios bendiga las ciudades, porque no hay nadie quien impida los gustos de los hombres de calidad.

ESTEBAN. Así será en las ciudades, ¡pero nosotros no viviremos descuidados, porque sabemos lo que quieres! En las ciudades hay Dios, y es Él quien castiga más presto.

COMENDADOR. ¡Fuera de aquí,° villano! ¡Todos, fuera de esta plaza!

Fuera de aquí Get out of here

ESTEBAN. Ya nos vamos.

[4] *frailes santos de Calatrava:* Fernán Gómez mocks the villagers' morals by calling them "holy friars of Calatrava."

[5] The *regidor* seems to imply that the *Comendador* may not be a *cristiano viejo* (of ancient Christian stock), but that he may have had Moorish or Jewish ancestors. So-called "new Christians" were often Jews or Moslems who converted to Christianity to escape social discrimination or outright persecution. After converting, they were able to enter into previously restricted areas of social and business life. The new Christians were highly successful in their pursuits and, thus, became the object of envy. This led the Inquisition to examine the quality of their new faith. As a result, being a *cristiano viejo* was not just a source of pride, but was protection against persecution. The Holy Inquisition was a watchdog system first established by Pope Gregory IX in 1231 for the prosecution of heretics. During the reign of Fernando and Isabel, religious intolerance grew to the point that in 1492, Jews and Moors who would not convert to Christianity were expelled from Spain.

[6] Once again, the *Comendador* betrays his conceit.

COMENDADOR. (*Lo amenaza.*) ¡Pero no así!

FLORES. ¡Señor, te ruego que te reportes!° — **te reportes** you control yourself

COMENDADOR. ¡Estos villanos hicieron sus chismes en mi ausencia!

ORTUÑO. Ten un poco de paciencia.

COMENDADOR. Me sorprende mi paciencia. ¡Villanos, vayan a sus casas, cada uno de por sí,° no en grupos![7] — **de por sí** by himself

LEONELO. ¡Cielos, por esto se pasa!

ESTEBAN. Ya me voy yo por aquí . . .

Los habitantes de Fuenteovejuna se dispersan uno por uno, temerosos de las consecuencias del enojo del Comendador.

bunny ← lebra = Laurencia

Preguntas

1. ¿Por qué no quieren sentarse los presentes cuando entra Fernán?
2. ¿Por qué dice Esteban que ellos no tienen honor?
3. ¿Comprende lo que dice Esteban el Comendador? ¿Por qué?
4. ¿Qué dice del galgo el Comendador? ¿Es el Comendador como un galgo?
5. ¿Comprende el Comendador lo que dice Esteban del galgo, que puede correr al lado de un delincuente o de un cobarde? ¿Por qué?
6. ¿Qué liebre quiere el Comendador?
7. Según el Comendador, ¿qué hacen las mujeres principales de Fuenteovejuna? ¿Qué piensa usted cuando el Comendador pide al mismo padre de Laurencia su ayuda para seducirla?
8. ¿Cómo responde Esteban?
9. ¿Habla en serio el Comendador cuando le ofrece una copia de la *Política* de Aristóteles a Esteban?
10. ¿Qué quiere el pueblo de Fuenteovejuna?

[7] An angry Fernán Gómez orders all the villagers to go home, but to avoid conspiracy, he orders them to disperse individually, not in groups.

11. ¿Por qué llama el Comendador a los villanos "frailes santos de Calatrava"?
12. ¿Qué es la "sangre limpia"?
13. ¿Cómo muestra Esteban su enojo? ¿Por qué le gustan las ciudades al Comendador?
14. ¿Qué manda el Comendador? ¿Qué le aconseja Ortuño?
15. ¿Por qué no quiere Fernán que vayan los habitantes de Fuenteovejuna a sus casas en grupos?

Escena III.

El Comendador se burla de sus conquistas.

El Comendador y sus dos secuaces, Flores y Ortuño, discuten los sucesos del día y las conquistas fáciles del Comendador.

COMENDADOR. ¿Qué les parece lo que dijo esta gente?

ORTUÑO. ¡Tú no sabes disimular° y no quieres escuchar el disgusto que ellos sienten!

disimular conceal

COMENDADOR. ¿Son éstos mis iguales . . . ?

FLORES. Eso no era igualarse.

COMENDADOR. ¿Qué es° del villano de la ballesta? ¿Se va a quedar con mi ballesta y sin castigo?

Qué es What has happened

FLORES. Anoche creí que Frondoso estaba a la puerta de Laurencia. Y le di una gran cuchillada de oreja a oreja, pero era otro hombre, que mucho se le parecía.°

se le parecía looked like him

COMENDADOR. ¿Dónde estará ese Frondoso?

FLORES. Dicen que está escondido por aquí.

COMENDADOR. ¡Se atreve a esconderse por aquí el hombre que quiso matarme!

FLORES. Pronto lo capturaremos, como a ave con una red, o como a un pez, con un anzuelo.°

anzuelo hook

COMENDADOR. ¡Un labrador, un mozuelo° ha puesto una ballesta en mi pecho de gran capitán cuya espada hace temblar° desde Córdoba a Granada![1] ¡Flores, esto es el fin del mundo!

mozuelo young lad

temblar tremble

FLORES. El amor lo ha hecho todo.

ORTUÑO. Frondoso está vivo, y sospecho que tú lo permites para mantener la buena voluntad de esta gente.

COMENDADOR. Por eso lo he disimulado. De otra manera hubiera pasado por la punta de mi espada a todos estos villanos. ¡Pero ya llegará la ocasión de mi venganza! . . . Y ahora, ¿qué es de Pascuala?

FLORES. Dice que ya se casa . . .

COMENDADOR. ¿Entonces quiere que su marido la ampare?

FLORES. ¡Ya te pagará al contado!°

al contado cash, at once

COMENDADOR. ¿Y qué es de Olalla?

ORTUÑO. La respuesta es graciosa.°

graciosa funny

COMENDADOR. ¡Esa moza es briosa! ¿Qué te dijo?

[1] Córdoba and Granada are cities in southern Spain, which were controlled by the Moors from the eighth to the fifteenth centuries. Granada was the last bastion of Moorish resistance to fall to the Catholic monarchs in 1492. Fernán Gómez evidently fought in the crusades against the Moors waged by the Order of Calatrava.

ORTUÑO. Me dijo que su esposo estaba celoso por los recados que llevaban tus criados, y que bien sabía que pronto vendrías a visitarla. Dijo también que si él se descuida, entrarás tú primero.

COMENDADOR. ¡Qué bueno! Pero el villano es celoso.

ORTUÑO. Cuídate tú, y pisa en el aire.°

pisa en el aire be extremely careful

COMENDADOR. ¿Qué es de Inés?

FLORES. ¿Cuál Inés?

COMENDADOR. La mujer° de Antonio.

la mujer the wife

FLORES. Ella te ofrece sus donaires° el momento que tú quieras. Le hablé en su corral, y tú puedes entrar por allí, el momento que quieras.

donaires favors

COMENDADOR. A las mujeres fáciles, yo las quiero bien y les pago mal.

FLORES. Los disgustos por los que se pasa, valen la pena, si piensas en sus favores. Hay mujeres como dice el filósofo, que apetecen al hombre, como la forma apetece a la materia.[2]

COMENDADOR. Un hombre, loco de amores, goza de que se le rindan fácilmente, pero después las estima en poco. Luego las olvida presto.

Después de hablar de su manera de amar, el Comendador y sus secuaces reciben malas noticias de Ciudad Real.

[2] Aristotle spoke of matter seeking its form, so that it might acquire meaning. Such an abstract concept on the lips of a peasant must have amused Lope's audiences.

Preguntas

1. ¿Cree usted que Ortuño es prudente? ¿Por qué?
2. ¿Qué le hizo Flores a un hombre? ¿Por qué?
3. ¿Cómo capturarán a Frondoso?
4. ¿Por qué ha permitido el Comendador que viva Frondoso hasta este momento? ¿Por qué dice él que es el fin del mundo?
5. Nombre las mujeres de las que habla el Comendador. ¿Son casadas o solteras?
6. ¿Por qué se casa Pascuala?
7. ¿Por qué le dice Ortuño al Comendador que pise en el aire?
8. ¿Qué piensa el Comendador de las mujeres fáciles?
9. ¿Por qué olvida tan pronto el Comendador a las mujeres?
10. ¿Qué piensa usted del Comendador?

Escena IV.

El Comendador secuestra a Jacinta.

Están presentes el Comendador, Flores y Ortuño. Sale a escena el soldado Cimbranos quien viene de Ciudad Real para informarle al Comendador que don Manrique, el Maestre de Santiago, y el conde de Cabra han cercado° con su ejército. Cimbranos dice que Ciudad Real está en peligro de caer en manos de Fernando e Isabel.

cercado surrounded

CIMBRANOS. ¿Dónde está el Comendador?

ORTUÑO. ¿No lo ves en tu presencia?

CIMBRANOS. ¡Oh, valiente Fernán Gómez, toma las armas! El Maestre de Santiago y el conde de Cabra han cercado Ciudad Real. Rodrigo Girón está en peligro. ¡Los de Isabel ganan ya!

Ya se ven en las almenas° las banderas de Castilla y Aragón. Aunque Afonso de Portugal ha querido ayudarlo, Rodrigo regresará a su Almagro vencido, si tú no lo ayudas. ¡Cabalga,°

almenas battlements

Cabalga Ride on

señor. Sólo tu presencia los hará retroceder hasta Castilla!

COMENDADOR. ¡Suficiente! Ya comprendo . . . Ortuño, haz que toquen la trompeta° en la plaza para congregar a todos los soldados. ¿Cuántos tengo?

trompeta trumpet

ORTUÑO. Tal vez cincuenta.

COMENDADOR. ¡Que todos cabalguen!

CIMBRANOS. ¡Hay gran prisa, porque se pierde° Castilla!

se pierde is being lost

COMENDADOR. ¡Eso nunca, eso nunca!

(*Salen el Comendador, Cimbranos, Flores y Ortuño.*)

Fernán procede a juntar un ejército para volver a tomar Ciudad Real. Mientras tanto, Mengo, Laurencia y Pascuala huyen° por el campo.

huyen flee

(*Salen a escena Pascuala, Laurencia y Mengo.*)

PASCUALA. ¡Mengo, no nos abandones!

MENGO. ¿Qué temen° ustedes?

¿Qué temen? What do (you) fear?

LAURENCIA. Tememos al Comendador. Si vamos a la villa en grupos de mujeres, estaremos a salvo,° porque no hay hombres por ninguna parte.[1]

a salvo safe

MENGO. El Comendador es un demonio cruel.

LAURENCIA. No nos deja ni a sol ni a sombra.[2]

[1] The men of the village seem to be avoiding the war.

[2] *No nos deja ni a sol ni a sombra:* "He chases us day and night."

MENGO. ¡Ojalá Dios lo fulmine° con un rayo del cielo para que terminen sus locuras!

fulmine strikes

LAURENCIA. Fernán es una fiera sangrienta° que envenena° e infecta toda la comarca.

sangrienta bloody
envenena poisons

MENGO. Me han contado° que Frondoso, para protegerte Laurencia, apuntó° una ballesta al corazón del Comendador, aquí en este mismo campo.

Me han contado I have been told
apuntó aimed

LAURENCIA. Mengo, yo hasta entonces aborrecía a los hombres. Pero desde ese día los miro con otra cara.° ¡Frondoso es muy valiente! Pero temo que el Comendador lo mate.

los miro con otra cara I have a different opinion

MENGO. Frondoso tendrá que huir de Fuenteovejuna.

LAURENCIA. Eso mismo le digo yo, porque ya lo amo mucho. Pero Frondoso recibe mi consejo con rabia y desdén, aunque el Comendador ha jurado que lo colgará de un pie.

PASCUALA. ¡Que muera con difteria!°

difteria diphtheria

MENGO. Es mejor matarlo a pedradas. Tengo aquí en mi bolsa una piedra que descalabrará° su cráneo dentro de su casco.° El Comendador es más perverso° que Sábalo.

descalabrará will crack the skull
casco helmet
perverso perverse

LAURENCIA. Tú quieres decir Heliogábalo,[3] el soldado romano . . . una fiera . . . un inhumano . . .

MENGO. Yo no sé historia. Pero ¿hay hombre en el mundo como Fernán Gómez?

[3] *Sábalo* was Mengo's garbled rendering of *Heliogábalo,* the Spanish name of a Roman emperor known for his great cruelty.

PASCUALA. No, parece que lo amamantó° una tigresa.°

amamantó nursed
tigresa female tiger

(*Sale a escena Jacinta pidiendo auxilio a los presentes.*)

JACINTA. ¡Socorro,° por Dios, amigas!

Socorro Help

LAURENCIA. ¿Qué pasa, Jacinta?

PASCUALA. ¡Somos tus amigas!

JACINTA. Flores y Ortuño, armados, me quieren secuestrar° y llevar a con ellos a Ciudad Real, para el placer del Comendador.

secuestrar kidnap

LAURENCIA. ¡Dios te ampare, Jacinta! Ya me imagino lo cruel que será conmigo!

(*Huye Laurencia.*)

PASCUALA. Jacinta, ¡yo no soy hombre, y no te puedo defender!

(*Huye Pascuala.*)

MENGO. Ven aquí, Jacinta. ¡Yo soy hombre fuerte y de renombre,° y te puedo defender!

renombre renown, fame

JACINTA. ¿Qué armas tienes?

MENGO. Piedras . . . las primeras armas del mundo.

JACINTA. Ojalá tuvieras una ballesta . . .

MENGO. Aquí hay piedras, Jacinta . . .

(*Salen a escena Flores y Ortuño.*)

FLORES. ¡Ya no puedes correr° más, Jacinta!

correr run away

JACINTA. (*Aparte*) ¡Me muero, Mengo!

MENGO. Señores, ésta es una humilde labradora . . .

ORTUÑO. ¿Entonces tú la defiendes?

MENGO. Yo quiero rogarles que tengan compasión por ella. Yo soy su pariente, y tengo intención de protegerla . . .

FLORES. ¡Mátalo, Ortuño!

MENGO. ¡Por Dios, si la tocan, saco mi honda,° y ustedes lo pagarán caro!

honda an instrument for casting stones, a sling

(*Salen a escena el Comendador y Cimbranos.*)

COMENDADOR. ¿Qué es esto? ¿Tengo que desmontar por estos viles?

FLORES. ¡Debes destruir a toda Fuenteovejuna! Este villano se atrevió a amenazarnos.

MENGO. Señor, si una injusticia puede moverte a piedad, castiga a estos soldados. Ellos dicen que tú les has mandado a robar a esta labradora cuyo esposo y padres son honrados. Dame, Señor, permiso para llevarla a su casa.

COMENDADOR. Les doy permiso a estos soldados a que se venguen de ti. ¡Tira la honda al suelo, villano!

MENGO. ¡Señor . . . !

COMENDADOR. Flores, Ortuño, Cimbranos, ¡átenlo° con su propia honda!

átenlo tie him

MENGO. ¿Es ésta tu justicia?

COMENDADOR. ¿Qué piensa Fuenteovejuna de mí?

MENGO. Señor, ¿cómo te he ofendido yo? ¿Cómo te ha ofendido Fuenteovejuna?

FLORES. ¿Lo mato?

COMENDADOR. No ensucies° tus armas.

No ensucies Don't dirty

ORTUÑO. Entonces, ¿qué mandas, señor?

COMENDADOR. Mando que lo aten a ese roble,° lo desnuden y lo azoten con las riendas . . .°

roble oak tree
riendas reins

(*Flores y Ortuño azotan a Mengo.*)

MENGO. ¡Ten piedad, señor. Tú eres noble!

COMENDADOR. ¡Azótenlo hasta que los remaches° salten de las riendas!

remaches rivets

MENGO. ¡Dios mío! ¿Señor, piensas que Dios no te castigará por tus actos tan crueles?

(*Entran Flores, Mengo y Ortuño. Se quedan el Comendador y Jacinta.*)

COMENDADOR. ¿Por qué huyes de mí, Jacinta? ¿Prefieres a tu marido . . . un labrador?

JACINTA. ¿Cómo vas a restituirme el honor que me quitaron al secuestrarme?

COMENDADOR. ¿Perdiste tu honor porque yo te quiero llevar conmigo?

JACINTA. Sí, porque tengo un padre honrado, quien no te iguala en nobleza pero te supera en virtud.

COMENDADOR. ¡Qué pesadumbres me causan estos villanos! ¡Ven aquí!

JACINTA. ¿Para qué?

COMENDADOR. Para mí.

¡Ten piedad, señor! Tú eres noble.

(*El Comendador trata de forzarla.*)

JACINTA. ¡Mira lo que haces . . . !

COMENDADOR. ¡Ya no serás para mí, sino para mis soldados!

JACINTA. ¡Tendrán que matarme primero!

COMENDADOR. ¡Camina, villana, camina!

JACINTA. ¡Piedad, señor, piedad!

COMENDADOR. No hay piedad.

JACINTA. ¡Dios mandará Su justicia divina!

El Comendador obliga a Jacinta a caminar delante de su caballo.

Preguntas

1. ¿Qué informa Cimbranos?
2. ¿Qué va a hacer Fernán Gómez? ¿Qué le manda hacer a Ortuño?
3. ¿Cuántos soldados habrá? ¿Por qué tienen prisa? ¿Qué ciudad tomará nuevamente el Comendador?
4. ¿Por qué huyen Mengo, Laurencia y Pascuala? ¿Qué temen las mujeres?
5. Según Laurencia, ¿cómo es Fernán Gómez?
6. ¿Por qué mira ahora con otra cara Laurencia a Frondoso?
7. ¿Escucha Frondoso el consejo de Laurencia?
8. ¿Cuáles son las armas de Mengo?
9. ¿Cuál es la situación de Jacinta en ese momento?
10. ¿Qué hacen en ese momento Laurencia y Pascuala?
11. ¿Qué quiere hacer Mengo? ¿Qué quiere hacer Flores?
12. ¿Qué pide Mengo al Comendador?
13. ¿Qué manda hacer con Mengo el Comendador? ¿Cómo azotan a Mengo?
14. ¿Qué quiere de Jacinta el Comendador? ¿Para quién será Jacinta?
15. ¿Cómo tiene que caminar Jacinta?

Escena V.

Se concertan° las bodas de Laurencia y Frondoso.

Se concertan Are arranged

Laurencia y Frondoso se juntan° en la casa de Esteban. Laurencia y Frondoso son ahora fugitivos del Comendador.

se juntan meet

(*Entran a escena Frondoso y Laurencia.*)

LAURENCIA. ¡Frondoso! ¿Cómo te atreves a venir aquí?

FRONDOSO. ¡Esta es la prueba de mi amor por ti! Desde aquel monte vi partir al Comendador. ¡Ojalá que muera el tirano!

LAURENCIA. No digas eso, porque suele ocurrir lo contrario.

FRONDOSO. Entonces, ¡Que viva mil años! . . . Laurencia, quiero saber si algo ha pasado[1] . . . si mi lealtad merece° . . . En toda Fuenteovejuna ya nos consideran uno. No saben por qué no nos casamos . . . No me desdeñes° más. Dime sí o no.

merece deserves

desdeñes disdain

LAURENCIA. Pues a Fuenteovejuna y a ti, respondo que sí.

FRONDOSO. Déjame° besar tus pies . . .

Déjame Let me

LAURENCIA. Déjate de galanterías° y háblale a mi padre, quien viene allí con mi tío. Confía, Frondoso, en que seré tu mujer.°

galanterías compliments

mujer wife

FRONDOSO. En Dios confío.

[1] *quiero saber si algo ha pasado:* Frondoso wants to know if Laurencia has changed her mind about him.

(*Laurencia y Frondoso se esconden para escuchar todo . . .*)

(*Entran a escena Esteban y el regidor.*)

ESTEBAN. El Comendador ha alborotado a todos con su proceder desvergonzado. Ahora es la pobre Jacinta su víctima . . .

REGIDOR. En buena hora, ya dicen que pronto los reyes católicos, Fernando e Isabel, harán obedecer sus leyes a toda España. Don Manrique, el Maestre de Santiago, ya fue a Ciudad Real con un fuerte ejército, para librarla de Rodrigo Téllez Girón. Me pesa que Jacinta sea prisionera del Comendador, siendo una doncella honorable.

ESTEBAN. A Mengo también hizo azotar el tirano.

REGIDOR. Sus carnes están amoratadas° como la tinta.°

amoratadas bruised
tinta ink

ESTEBAN. ¡Calla! Ardo por dentro° viendo el mal proceder° del Comendador. ¿De qué me sirve este báculo° de alcalde?

Ardo por dentro I am burning inside
proceder conduct
báculo staff

REGIDOR. Flores y Ortuño lo azotaron. ¿Por qué te afliges° así?

afliges grieve

ESTEBAN. Porque me contaron más infamias de Fernán . . .

REGIDOR. ¡Escucha! . . . alguien está aquí presente. ¿Quién será?

(*Frondoso sale de entre las cortinas donde estaba escondido.*)

FRONDOSO. Con tu permiso, soy yo.

ESTEBAN. Frondoso, en mi casa tú no necesitas permiso. Tú eres mi ahijado° y como hijo para mí.

ahijado godchild

FRONDOSO. Señor, por el amor que me tienes, quiero una merced tuya.°

merced tuya a favor from you

ESTEBAN. ¿Te ha abusado el Comendador?

FRONDOSO. Mucho.

ESTEBAN. Ya tuve una corazonada.°

corazonada hunch

FRONDOSO. Pues, señor, amo a Laurencia y quiero ser su esposo. Perdóname si he sido osado.°

osado daring

ESTEBAN. Frondoso, vienes en el momento más oportuno. Salvarás a mi hija del Comendador, y así mismo salvarás mi honor. Gracias doy a Dios por la pureza de tu amor por mi hija y tu intención. Debemos, sin embargo, comunicar esto a tu padre. En cuanto él lo acepte, yo sentiré dicha de hacer este matrimonio.

REGIDOR. Esteban, ¿no debes preguntar a Laurencia si lo acepta?

ESTEBAN. Estoy seguro de que ya acordaron° entre ellos. Frondoso, si tú quieres hablaremos del dote porque quiero darte algunos maravedís.[2]

acordaron agreed

FRONDOSO. No es necesario que me des dote . . .

REGIDOR. Agradece que no te pide en cueros de vino.

ESTEBAN. Entonces le preguntaré a Laurencia lo que quiere hacer de su dote, y luego te lo diré.

[2] *maravedí:* a Spanish coin of fluctuating value.

FRONDOSO. Eso está bien, porque hay que consultar a todos.

(*Esteban llama a Laurencia quien está escondida detrás de una cortina.*)

ESTEBAN. ¡Hija! ¡Laurencia!

LAURENCIA. Sí, señor . . .

ESTEBAN. ¡No ves lo pronto que responde![3] Laurencia, mi amor, quiero pedirte tu opinión. (*Le habla aparte*) ¿Qué te parecería el matrimonio de Frondoso, quien es un joven honrado, con tu amiga Gila?

LAURENCIA. No sabía que Gila se casaba . . .

ESTEBAN. Y si alguna merece a Frondoso, es ella, es su igual . . .

LAURENCIA. Yo digo que se case . . .

ESTEBAN. Pero yo digo que ella es fea, y que Frondoso es para ti.

LAURENCIA. ¡No te has olvidado, padre mío, de ser galante, a pesar de tu edad!

ESTEBAN. ¿Amas a Frondoso?

LAURENCIA. Sí lo amo, pero . . .

ESTEBAN. Entonces, ¿quieres que le diga que sí?

LAURENCIA. Dilo tú, señor, por mí.

ESTEBAN. ¡Hecho está!° Yo tengo las llaves. Vamos a la plaza, a ver al padre de Frondoso, mi compadre.°

Hecho está It's done!

compadre godfather, intimate friend

[3] *¡No ves lo pronto que responde!* Esteban is well aware that his daughter is present, hiding behind a curtain.

REGIDOR. Vamos.

ESTEBAN. Frondoso, hijo, yo te daré cuatro mil maravedís.

FRONDOSO. Señor, con respeto, eso no te permito.

ESTEBAN. Hijo, esa actitud te pasará en un día. Aunque no lo necesites ahora, lo necesitarás algún día.

(*Salen Esteban y el regidor y se quedan Frondoso y Laurencia.*)

LAURENCIA. ¿Estás contento, Frondoso?

FRONDOSO. ¡Casi estoy loco de gozo del bien que siento!
Risa vierte el corazón
por los ojos de alegría
viéndote, Laurencia mía,
en tan dulce posesión.[4]

Los dos amantes están felices, a pesar de todos sus problemas.

Preguntas

1. ¿Cómo prueba Frondoso su amor por Laurencia? ¿Cómo sabe Frondoso que el Comendador no estaba presente?
2. ¿Qué dudas tiene Frondoso? ¿Por qué quiere besar los pies de Laurencia?
3. ¿De qué hablan Esteban y el regidor? ¿Cómo está Mengo? ¿Por qué?
4. ¿Qué le pide Frondoso a Esteban?
5. Según Esteban, ¿por qué es éste un momento muy oportuno para el matrimonio?
6. ¿Por qué no quiere un dote Frondoso? ¿Cree usted que sería mejor unos cueros de vino?
7. ¿Por qué responde tan rápidamente Laurencia cuando la llama su padre? ¿Sabe Esteban que ella estaba escondida detrás de la cortina?

[4] "My heart laughs through my happy eyes, upon seeing that you are mine, my Laurencia."

8. ¿Qué chiste hace Esteban sobre Gila?
9. ¿Qué dice Laurencia a la galantería de su padre?
10. ¿A quién tendrá que hablarle ahora Esteban?
11. ¿Cómo se siente Frondoso?

Escena VI.

El Comendador regresa a Fuenteovejuna.

En el campamento militar de Rodrigo Téllez Girón, cerca de Ciudad Real, Fernán, Rodrigo, Flores y Ortuño se lamentan por la pérdida de Ciudad Real al ejército de Fernando e Isabel.

COMENDADOR. ¡Huye,° Rodrigo, huye, no hay más remedio!

Huye Flee

RODRIGO. Los muros° de la ciudad[1] no estuvieron bien defendidos, y el ejército de Fernando fue muy poderoso.

muros walls

COMENDADOR. Sin embargo, les costó muchas vidas.

RODRIGO. Y no celebrarán su victoria con nuestro pendón° de Calatrava, porque aquí los tenemos. La captura de este pendón hubiera sido victoria suficiente.

pendón standard, banner

COMENDADOR. ¡Se arruinaron tus planes, Rodrigo!

RODRIGO. ¿Qué puedo hacer si la fortuna ciega° me levantó un día para hundirme° al siguiente?

fortuna ciega blind fortune
hundirme sink

(*Se escuchan voces.*)

[1] Medieval Spanish and other European cities were often surrounded by high reinforced walls for protection. Ciudad Real, Toledo, Valencia, and Ávila were thus protected. The walls surrounding Ávila still stand.

VOCES. ¡Vivan° los victoriosos reyes de Castilla!

Vivan Long live

RODRIGO. ¡Mira cómo ponen luces en las almenas del castillo! ¡Mira los pendones de victoria en sus ventanas!

COMENDADOR. ¡Mucha sangre les costó! Esto es una tragedia, no una fiesta.

RODRIGO. Fernán, yo regreso° a Calatrava.

regreso I am returning

COMENDADOR. Y yo regreso a Fuenteovejuna. Tú deberás decidir o defender a tus parientes o rendir homenaje° a Fernando e Isabel.

rendir homenaje render homage

RODRIGO. Yo te avisaré, por cartas, lo que haré.

COMENDADOR. El tiempo lo dirá.°

El tiempo lo dirá. Time will tell.

RODRIGO. (*Aparte*) Por mi juventud y falta de experiencia, he sido víctima del engaño de Fernán.

Rodrigo y su ejército regresan a Calatrava. El Comendador y los suyos regresan a Fuenteovejuna.

Mientras tanto, en un campo cerca de Fuenteovejuna se celebra la boda de Frondoso y Laurencia. Entran en escena Frondoso, Laurencia, los alcaldes Esteban y Juan Rojo (éste el padre de Frondoso), Pascuala, Barrildo, Mengo y unos músicos.

MÚSICOS. (*Cantan*) *¡Vivan muchos años los desposados!° ¡Vivan muchos años!*[2]

desposados newlyweds

MENGO. Fue fácil cantar . . .

BARRILDO. Tú puedes hacer mejores rimas.

[2] "Long live the bride and groom! May they live many long and happy years!"

FRONDOSO. Mengo sabe más de azotes que de versos.

MENGO. No te sorprendas si te cuento° que allí en el valle hay un hombre a quien el Comendador . . .

te cuento I tell you

BARRILDO. ¡No me lo cuentes, Mengo . . . Ese bárbaro, homicida, a todos quita el honor.

MENGO. ¡A mí me azotaron cien soldados, y yo sólo tenía una honda! También debe haber sido horrible lo que le hicieron a ese pobre hombre, cuyo nombre no quiero decirlo. Le pusieron una lavativa de tinta y hierbas.° ¿Cómo podría el pobre sufrirlo?

hierbas herbs

BARRILDO. El Comendador lo haría para reírse a su costo.

MENGO. No es un chiste eso de las lavativas. Son saludables. Pero yo preferiría morir a sufrir como ese hombre.

FRONDOSO. ¡Canta una copla, Mengo, si es razonable!°

razonable that makes sense

MENGO. *Vivan muchos años juntos*
los novios, ruego a los cielos,
y por envidia ni celos
ni riñan ni anden en puntos.
Lleven a entrambos difuntos,
de puro vivir cansados.
¡Vivan muchos años![3]

FRONDOSO. ¡Maldiga el cielo al poeta quien compuso tan mala copla!

[3] This *copla* occurs in the original version of the play and may be translated: "May God grant the bride and groom a long life free from envy and jealous strife, and when their life span is past may they be united at last (in heaven). May God grant the bride and groom long life!"

BARRILDO. Fue muy mala copla.

MENGO. Esto me hace pensar del buñolero° que tira al aceite° sus pedazos de masa.° Unos salen bien, otros salen hinchados y mal hechos.

Así los poetas de hoy. Arrojan en el papel, versos a toda prisa, confiando que la miel° cubrirá la burla y la risa de los que los leen. Terminan estos poetas comiéndose sus propios versos, porque no los pueden vender.[4]

buñolero fritter maker, doughnut maker
aceite olive oil
masa dough
miel honey

BARRILDO. No digas ya más locuras, y deja hablar a los novios.

LAURENCIA. Juan, señor, danos tu mano a Frondoso y a mí, para besarla.

JUAN ROJO. Besen primero la mano de Esteban.

ESTEBAN. Juan, pido al cielo la bendición de la unión de tu hijo con mi hija.

FRONDOSO. Que nos bendigan° los dos padres.

Que nos bendigan Let us be blessed by

JUAN ROJO. ¡Que tañan° las campanas, y que todos celebren el matrimonio de Laurencia con Frondoso!

tañan toll

MÚSICOS. (*Cantan*) *Al val de Fuenteovejuna*
la niña en cabellos baja;
el caballero la sigue
de la cruz de Calatrava.
Entre las ramas se esconde,
de vergonzosa y turbada;
fingiendo que no le ha visto,
pone delante las ramas.
"¿Para qué te escondes
niña gallarda?
Que mis linces deseos
paredes pasan."

[4] Thus Lope criticizes the many bad poets of this literary period.

Acercóse el caballero,
y ella, confusa y turbada,
hacer quiso celosías
de las intrincadas ramas;
mas como quien tiene amor
los mares y las montañas
atraviesa fácilmente,
la dice tales palabras:
"¿Para qué te escondes,
niña gallarda?
Que mis linces deseos
paredes pasan."[5]

(*Salen el Comendador, ya furioso, con Flores, Ortuño y Cimbranos.*)

COMENDADOR. ¡Alto!° Paren la boda, y no salga nadie de aquí.

¡Alto! Stop!

JUAN ROJO. Señor, esto no es un juego . . . , pero obedeceremos tu orden. ¿Quieres juntarte con nosotros para celebrar estas bodas? ¿Por qué estás tan furioso? ¿Saliste victorioso en Ciudad Real? . . . ¡Pero qué digo!

FRONDOSO. ¡Ha llegado la hora de mi muerte!

LAURENCIA. ¡Huye, por aquí, Frondoso!

COMENDADOR. ¡Eso no! ¡Aprésenlo° y átenlo!

Aprésenlo Take him prisoner

JUAN ROJO. Ríndete, hijo.

FRONDOSO. ¿Quieres que me maten?

[5] This song also appears in the original version of the play and is translated as follows: "The maid with the flowing hair came down to the valley of Fuenteovejuna. The knight of Calatrava followed her to this valley. She hid herself amid shrubs, ashamed and frightened. She covered herself with branches, pretending she had not seen him, but the knight of Calatrava came near and asked: 'Why are you hiding from me, fair maiden? Don't you know that my great desire can pass through the thickest walls?'"

The knight of Calatrava drew near, and she tried to make curtains of the branches, confused by shame and fear. But since he who loves can cross mountains or seas, he asked: 'Why are you hiding from me, fair maiden? Don't you know that my great desire can pass through the thickest walls?'"

JUAN ROJO. ¿Por qué razón quieres apresarlo, señor?

COMENDADOR. Porque yo no soy hombre quien castiga sin culpa. Si así lo fuera, mis soldados ya lo hubieran matado. Ahora, que lo tomen prisionero, y que des la sentencia tú mismo, Juan Rojo.

PASCUALA. Señor, perdónale, porque hoy es el día de su boda.

COMENDADOR. ¿Qué me importa° si es su boda? ¿No hay otros también en este pueblo?

Qué me importa What do I care

PASCUALA. Señor, por ser quien eres, perdónale si te ha ofendido.

COMENDADOR. Su caso, Pascuala, no es contra mí, es contra Rodrigo Téllez Girón. Frondoso actuó contra la Orden de Calatrava, al amenazar mi pecho con la ballesta. Se hará un ejemplo de él. ¡Qué vasallos tan leales son todos los de Fuenteovejuna!

ESTEBAN. Ya que soy su suegro,° me toca hablar por Frondoso. Es justo que se defienda un hombre enamorado. Sí . . . tú quisiste quitarle su mujer.

suegro father-in-law

COMENDADOR. ¡Eres necio alcalde!

ESTEBAN. ¡Tu virtud me hizo necio!

COMENDADOR. Laurencia no era entonces su esposa.

ESTEBAN. ¡Sí quisiste . . . ! ¡Y suficiente . . . ! Ahora tenemos reyes en Castilla, quienes sabrán hacer obedecer sus nuevas leyes, y sabrán también remediar estos desórdenes. Esa gran cruz de Calatrava deberá ser para pechos reales y nada más.

COMENDADOR. ¡Flores, Ortuño, . . . Quítenle el báculo al alcalde!

ESTEBAN. ¡Toma° la vara, señor!

Toma Take

COMENDADOR. ¡Con esa vara le daré golpes como a caballo brioso!

ESTEBAN. ¡Hazlo, señor, no me importa!

(*El Comendador rompe la vara en la cabeza de Esteban.*)

PASCUALA. ¿Pegas° así a un viejo?

Pegas Do you strike

LAURENCIA. Le pegas porque es mi padre. ¿Te vengas en él de mí?

COMENDADOR. ¡Flores, Ortuño, . . . aprésenla y pongan diez soldados en su guardia.

(*Salen el Comendador y sus soldados.*)

ESTEBAN. ¡Dios, mándanos justicia!

PASCUALA. La boda se tornó en luto.

BARRILDO. ¿No hay aquí un solo hombre que se le enfrente?°

se le enfrente would stand up to him

MENGO. Ya me dieron de azotes y aún se ven los cardenales. Le toca a otro enojarle al Comendador.

JUAN ROJO. Hablemos, entonces, todos.

MENGO. Yo aconsejo que todos callen porque el Comendador me puso los atabales° como ruedas de salmón.

atabales buttocks

Los habitantes de Fuenteovejuna se quedan perplejos y confusos, sin saber qué hacer.

Preguntas

1. ¿Quién ganó la batalla? ¿Qué quiere Fernán que haga Rodrigo?
2. ¿Qué dice de la fortuna Rodrigo? ¿Por qué no culpa al Comendador?
3. ¿Adónde van Fernán y Rodrigo?
4. ¿Qué reconoce Rodrigo?
5. ¿Qué acontece en un campo cerca de Fuenteovejuna?
6. ¿Qué cuenta Mengo del Comendador?
7. Explique lo que dice la copla de Mengo. ¿Cómo reacciona Frondoso al escucharla?
8. ¿Qué dice Mengo sobre los malos poetas?
9. ¿Sobre qué cantan los músicos?
10. ¿Quién interrumpe la boda? ¿Por qué razón?
11. ¿Cómo reaccionan Juan Rojo y Frondoso?
12. ¿Cómo justifica el Comendador el tomar prisionero a Frondoso? ¿Quién dará la sentencia?
13. ¿Qué le dice Esteban al Comendador?
14. ¿Cómo justifica el Comendador sus actos con Laurencia?
15. ¿Qué le contesta Esteban al Comendador?
16. ¿Qué hace con la vara el Comendador? ¿Qué manda luego?
17. ¿Cómo reaccionan los habitantes de Fuenteovejuna?

Due April 7th
Estudien las preguntas

TERCER ACTO.
Escena I.

Los labradores recuentan los abusos del Comendador.

Los principales se juntan en la sala del concejo° de Fuenteovejuna. Ponderan las vilezas y los abusos del Comendador, y quieren tomar alguna medida° para dar fin a su infamia.

concejo town hall

alguna medida some measure

(*Salen a escena Esteban, Alonso y Barrildo.*)

ESTEBAN. ¿Están todos presentes?

BARRILDO. No, no están todos.

ESTEBAN. Entonces las cosas están peores de lo que me imaginaba.

BARRILDO. Creo que está ya aquí la mayoría de la gente.

ESTEBAN. Mi hija Laurencia está en tanto peligro . . . y a Frondoso lo tienen prisionero en el castillo del Comendador. Si la piedad de Dios no los ayuda . . .

(*Salen a escena Juan Rojo y el regidor.*)

JUAN ROJO. ¿Por qué das grandes voces, Esteban? ¿No sabes que lo más importante ahora es hacer todo en secreto?

ESTEBAN. ¡Me sorprendo por qué no grito aún más fuerte!

(*Sale a escena Mengo.*)

MENGO. Yo también quiero participar en esta junta.

ESTEBAN. Un viejo, cuyas barbas están bañadas en lágrimas, les pregunta a ustedes, ¿qué honras fúnebres° debemos hacer a nuestro honor perdido? ¿Quién, entre nosotros, tiene su honor intacto? ¿Qué nos ha pasado?

honras fúnebres wake

JUAN ROJO. ¡Tenemos la peor fortuna del mundo! Pero ya se anuncia que los reyes católicos han firmado la paz,° y regresan a Castilla. Pasarán por Córdoba, que no está lejos de aquí. Deberemos mandar a dos regidores para que echados a sus pies, les pidan justicia.

firmado la paz signed the peace treaty

BARRILDO. Fernando, quien ha ganado tantas guerras, estará muy ocupado, y no nos escuchará. Deberá haber otro remedio . . .

REGIDOR. Yo doy por voto° que huyamos todos de Fuenteovejuna.

doy por voto I vote for

JUAN ROJO. No es posible huir en un momento.

MENGO. Si comprendo bien lo que está pasando aquí, creo que nos costará algunas vidas.

REGIDOR. El mástil° de la paciencia se ha roto ya, y la nave está frente a una tormenta de miedo. Brutalmente quitaron a su hija al alcalde, un hombre honrado. Quebraron sobre su cabeza su báculo de alcalde de Fuenteovejuna. ¿A qué esclavo trataron con más bajeza?°

mástil mast of a ship

bajeza lowliness

JUAN ROJO. Entonces, ¿qué crees que debemos hacer?

REGIDOR. Debemos o morir o dar muerte a los tiranos. Nosotros somos muchos, y ellos poca gente.

BARRILDO. ¡Qué dices . . . ! ¿Alzar nuestras armas contra nuestro señor?

ESTEBAN. Nuestro señor es sólo el rey, después de Dios, no los bárbaros, inhumanos. Si Dios nos ayuda, ¿qué más podemos perder?

MENGO. Señores, hay que tener mucha prudencia. Yo hablo por los simples labradores, quienes son los que más sufren.

JUAN ROJO. Nuestra fortuna adversa nos ha preparado para perder nuestras vidas. ¡Vamos a vengarnos, vamos!

(*Sale a escena Laurencia, desmelenada.*°)

desmelenada with her hair disarranged

LAURENCIA. ¡Déjenme entrar! Si una mujer no tiene derecho a dar voto, sí puede dar voces° en un consejo de los hombres. ¿Me reconocen ustedes?

dar voces shout

ESTEBAN. ¡Santo cielo! ¿Es mi hija?

JUAN ROJO. ¿No reconoces a Laurencia?

LAURENCIA. ¿No me reconocen, verdad?

ESTEBAN. ¡Hija mía!

LAURENCIA. ¡No me llames tu hija!

ESTEBAN. ¿Por qué, mis ojos,° por qué?

mis ojos apple of my eye

LAURENCIA. Por muchas razones. Éstas son las principales: Porque dejaste, sin venganza, que me robaran el tirano que nos gobierna y sus secuaces. Mi boda con Frondoso fue truncada y no soy su esposa. No le toca° a él vengarse porque no es mi esposo. No llegó la noche de la boda, entonces la obligación de la venganza es del padre.

No le toca It's not his place

Fernán Gómez, ante tus ojos, me arrastró y me llevó a su casa. ¡Cobardes° pastores . . . ! Dejaron que el lobo se lleve a la oveja. ¿Saben cómo yo he sufrido ante su cruel mano . . . ? ¿Saben ustedes que me amenazó con una daga en mi pecho . . . ? ¿Saben las palabras y desatinos,° insultos y amenazas que sufrí, por rendir mi castidad a sus apetitos torpes?°

Cobardes Cowards, Cowardly

desatinos wildness

torpes foolish, clumsy

¿No lo dice mi cabello? ¿No se ve en mi cara la sangre y los cardenales? ¿No tienen ustedes honor? ¿No son ni padres ni parientes? ¿No se les parte el corazón al verme en tal desgracia? ¡No! Todos ustedes son ovejas, como bien lo dice el nombre Fuenteovejuna. ¡Denme armas a mí, yo pelearé!

Ustedes son de piedra o de jaspe.° ¡Son ustedes tigres . . . ! Tigres no, porque los tigres persiguen y matan a los cazadores quienes roban a sus cachorros.° Ustedes nacieron liebres cobardes. ¡No son españoles, son bárbaros! ¡Ustedes son gallinas que per-

jaspe jasper, a hard precious stone

cachorros cubs

¡No me llames tu hija!

miten que otros hombres gocen a sus mujeres!

¡Juro a Dios que las mujeres de Fuenteovejuna serán quienes se venguen del tirano, y luego ellas les apedrearán° a ustedes, ¡hilanderas,° cobardes! Mañana usen ustedes nuestras faldas,° cosméticos y colores. El Comendador ya va a ahorcar a Frondoso en una almena, sin juicio y sin sentencia,° ¡y hará lo mismo con ustedes, medio-hombres, y yo me reiré de ustedes! Entonces retornará el siglo de las amazonas,°[1] para el asombro° del mundo entero.[2]

apedrearán will stone
hilanderas spinsters
faldas skirts
sentencia sentence
amazonas Amazon women
asombro astonishment

ESTEBAN. Yo, hija, no tolero esos nombres. Iré, ahora mismo, aunque tenga que luchar° contra todo el mundo.

luchar fight

JUAN ROJO. Yo iré contigo, a pesar° del poderío° del tirano.

a pesar in spite
poderío power

REGIDOR. ¡Juntos moriremos!

BARRILDO. Pongamos un lienzo en un palo° y ¡que mueran los tiranos!

palo mast

JUAN ROJO. ¿Qué orden piensan tener?

MENGO. ¡Ir a matar al Comendador sin orden![3] Júntese todo el pueblo. Estamos todos de acuerdo. ¡Que mueran los tiranos!

[1] The Amazons were a mythical nation of female warriors who enslaved the men they captured. According to Greek legend, the Amazons lived in Asia Minor (now Turkey). They were fierce archers, and, again according to the legend, they burned off their right breasts in order to make better use of their bows and arrows.

The Amazon River owes its name to these mythical warriors. During the first European exploration of the river in 1541, Francisco de Orellana and his men were attacked by what seemed to be the legendary Amazons, although they were probably female Indians.

[2] Lope, like other playwrights of the Golden Age, wrote speeches that would allow certain actresses to "shine." This is obviously one such speech.

[3] *orden:* Reference here is to a military order, such as the Order of Calatrava.

ESTEBAN. ¡Todos tomen espadas, ballestas, lanzas y palos!

MENGO. ¡Vivan los reyes, nuestros señores!

TODOS. ¡Vivan muchos años!

MENGO. ¡Mueran los tiranos!

TODOS. ¡Mueran los traidores tiranos todos!

Se juntan determinados los hombres de Fuenteovejuna y se preparan para atacar el castillo del Comendador.

Preguntas

1. ¿Qué hacen los principales de Fuenteovejuna?
2. ¿Qué dice Esteban sobre el honor?
3. ¿Qué cree Juan Rojo que deben hacer?
4. ¿Qué piensa Barrildo del plan de Juan Rojo?
5. ¿Qué sugiere entonces el regidor?
6. ¿Quién sugiere dar muerte a los tiranos?
7. ¿Cómo reaccionan Barrildo, Esteban y Mengo a la sugerencia?
8. Describa a Laurencia cuando sale a escena.
9. Describa cómo se siente emocionalmente Laurencia.
10. ¿Cuáles son los puntos salientes del discurso de Laurencia?
11. ¿Cómo reacciona Esteban?
12. ¿Qué harán todos?
13. ¿Qué pide Esteban? ¿Qué dicen todos?

Escena II.

¡Atacan los villanos!

Sale a escena Laurencia y convoca a todas las mujeres de Fuenteovejuna. Entran luego Pascuala, Jacinta y otras mujeres, alarmadas por la intrepidez° de Laurencia.

intrepidez daring

LAURENCIA. ¡Ah mujeres de la villa! ¡Vengan todas a recobrar el honor perdido!

PASCUALA. ¿Qué es esto? ¿Por qué das voces?

LAURENCIA. ¿No ven cómo los hombres y los muchachos, furiosos, corren a matar a Fernán Gómez? No está bien que ellos solos gocen del honor de esta hazaña.° ¿Son menores nuestros agravios?°

hazaña feat
agravios offenses, insults

JACINTA. Di entonces, ¿qué quieres que hagamos?

LAURENCIA. Quiero que todas nosotras en orden marchemos y acometamos° al Comendador, de tal manera que asombre al mundo entero. Tu gran agravio, Jacinta, será nuestra causa.

acometamos attack

JACINTA. Tus agravios no son menores.

LAURENCIA. Pascuala, tú serás la alférez.°

alférez ensign

PASCUALA. Entonces, déjame que enarbole° una bandera en una asta° y verás si merezco el título.

enarbole to hoist
asta flagpole

LAURENCIA. No hay tiempo para eso. Llevaremos como banderas nuestras tocas.°

tocas (women's) headdresses

PASCUALA. Nombremos un capitán.

LAURENCIA. Eso no.

PASCUALA. ¿Por qué?

LAURENCIA. Porque siento más ánimo que el Cid o Rodamontes.[1]

(*Marchan hacia el castillo de Fernán todas las mujeres, decididas.*)

(*Salen a escena Frondoso, con las manos atadas; le acompañan Flores, Ortuño, Cimbranos y el Comendador. Están en una sala del castillo.*)

COMENDADOR. Cuelguen° a este villano del cordel sobrante que ata sus manos, para que sufra más.

Cuelguen Hang

FRONDOSO. ¡Cómo aumentará esto el honor de tu sangre, gran señor!

COMENDADOR. Cuélguenlo luego de la almena más alta.°

más alta highest

FRONDOSO. ¡Gran señor, nunca fue mi intención matarte!

FLORES. ¿Qué es ese gran ruido afuera?

(*Se escuchan voces coléricas.*°)

coléricas angry

COMENDADOR. ¿Qué será ese ruido?

FLORES. ¡Interrumpen tu justicia!

(*Se escuchan golpes en las puertas del castillo.*)

ORTUÑO. ¡Están rompiendo las puertas del castillo!

[1] *El Cid* is the hero of *El cantar de Mío Cid,* which is Spain's most important epic poem. El Cid was a real knight who fought the Moors in Spain. Rodomonte (in text: *Rodamontes*) was an Arab leader in Ariosto's *Orlando Furioso.* He was the prototype of the boastful man.

COMENDADOR. ¿Rompen la puerta de mi castillo siendo éste la comandancia° de Calatrava?

comandancia headquarters

FLORES. Todo el pueblo está afuera.

JUAN ROJO. (*Adentro*) ¡Rompan,° derriben,° hundan,° quemen!°

Rompan break up
derriben demolish
hundan sink
quemen burn

ORTUÑO. No hay cómo detener a un motín° como éste.

motín insurrection

COMENDADOR. ¿El pueblo contra mí?

FLORES. Su furia entra ya en el castillo. Han derribado sus puertas.

COMENDADOR. Desaten a Frondoso . . . ¡Frondoso, ve y calma al alcalde y a esa gente!

FRONDOSO. Ya voy, señor. Esta acción la hacen por amor a mí.

(*Entra Frondoso.*)

MENGO. (*Adentro*) ¡Vivan Fernando e Isabel, y mueran los traidores!

FLORES. ¡Por Dios, señor, huye!

COMENDADOR. No. Esta sala es fuerte y bien protegida. ¡Ellos pronto volverán atrás!

FLORES. Cuando se enfurecen los villanos, nunca vuelven atrás sin sangre o sin venganza.[2]

COMENDADOR. ¡No! Nos defenderemos con nuestras armas aquí en esta fuerte puerta.

FRONDOSO. (*Adentro*) ¡Viva Fuenteovejuna!

[2] Flores expresses a common belief of the time.

COMENDADOR. ¡Frondoso es su caudillo! Me pagará cara su traición.

FLORES. Señor, me admira tu valentía.

(*Salen a escena Esteban, seguido por la gente de Fuenteovejuna.*)

ESTEBAN. ¡Allí está el tirano y sus secuaces! ¡Viva Fuenteovejuna! ¡Mueran los tiranos!

COMENDADOR. ¡Esperen un momento, mi pueblo!

TODOS. El agravio nunca espera.

COMENDADOR. Díganme sus agravios, y juro por mi honor que enmendaré esos errores.

TODOS. ¡Viva Fuenteovejuna! ¡Viva el rey Fernando! ¡Mueran los malos cristianos y traidores!

COMENDADOR. ¿No me escuchan? Soy yo . . . quien les habla. Soy yo, el Comendador, el señor de ustedes.

TODOS. Nuestros señores son los reyes católicos.

COMENDADOR. ¡Esperen un momento!

TODOS. ¡Viva Fuenteovejuna, y muera Fernán Gómez!

(*Entran todos, llevándose al Comendador, y salen a escena las mujeres de Fuenteovejuna, armadas.*)

LAURENCIA. Deténganse, mujeres, mejor soldados valientes, en este lugar es seguro.

PASCUALA. Sólo las mujeres sabemos cómo tomar venganza. Beberemos la sangre del enemigo.

JACINTA. Atravesaremos el cuerpo del Comendador con nuestras lanzas.

PASCUALA. De acuerdo.°

De acuerdo. I agree.

(*Todos los hombres están adentro, sólo se escuchan sus voces. Las mujeres están en el escenario protegiendo la puerta, tras la cual los hombres de Fuenteovejuna están dando muerte al Comendador.*)

(*Adentro*)

ESTEBAN. ¡Muere Comendador traidor, muere!

COMENDADOR. ¡Muero . . . ! ¡Piedad Señor, espero tu clemencia!

FRONDOSO. ¡Sólo me consideraré vengado cuando le saque el alma a este desgraciado!

BARRILDO. Aquí está Flores.

MENGO. ¡Pégale° a ese bellaco!° Él es el que me dio mil azotes.°

Pégale Strike him
bellaco rascal
azotes lashings

(*En la escena*)

LAURENCIA. No hay razón por qué no podamos entrar.

PASCUALA. Cálmate, Laurencia. Es mejor que protejamos la puerta.

(*Adentro*)

BARRILDO. ¡No me mueven sus lágrimas, cobardes!

(*Afuera*)

LAURENCIA. Pascuala, yo entro, ¡porque mi espada no deberá estar envainada!°

envainada sheathed

(*Sale Laurencia adonde están los hombres.*)

BARRILDO. ¡Aquí está Ortuño!

FRONDOSO. ¡Córtale la cara!

(*Se abre la puerta de la sala.*)

(*Entra a escena Mengo, persiguiendo° a Flores.*) **persiguiendo** chasing

FLORES. ¡Piedad, Mengo, no soy el culpable!

MENGO. ¿No? ¿No es suficiente ser alcahuete y haberme azotado?

PASCUALA. Dánoslo a las mujeres, Mengo . . . ¡Apresúrate!

MENGO. Muy bien. Será el peor castigo . . .

PASCUALA. Vengaré los azotes que te dio.

MENGO. Hazlo.

JACINTA. ¡Ea, muera el traidor!

FLORES. ¿Morir a manos de mujeres? ¡Qué desgracia![3]

JACINTA. ¿No te gusta?

PASCUALA. ¿Lloras por eso?

JACINTA. ¡Muere, concertador° de los placeres de tu amo! **concertador** arranger

PASCUALA. ¡Muere, traidor!

FLORES. ¡Piedad, señoras!

[3] Flores, the soldier, considers it a disgrace to die at the hands of women.

(*Sale a escena Ortuño, huyendo de Laurencia.*)

ORTUÑO. Mira que no fui yo . . .

LAURENCIA. ¡Yo sé quien eres! Mujeres, entren y tiñan° las armas vencedoras con la sangre de estos viles traidores.

tiñan stain

PASCUALA. ¡Yo moriré matando!

TODAS. ¡Viva Fuenteovejuna! ¡Viva el rey Fernando!

Los habitantes de Fuenteovejuna matan al Comendador, a Ortuño y a Cimbranos; sin embargo, Flores escapa y va a Toro,[4] donde están Fernando e Isabel.

Preguntas

1. ¿Qué hace Laurencia? ¿Qué deberán recobrar las mujeres?
2. ¿Qué hacen los hombres y los muchachos?
3. Según Laurencia, ¿por qué deben ir también las mujeres?
4. ¿Cual será la causa de las mujeres? ¿Quién será la alférez?
5. ¿Qué serán las banderas de las mujeres?
6. ¿Qué quiere hacer el Comendador con Frondoso?
7. ¿Qué es el gran ruido afuera del castillo?
8. ¿Qué le sorprende a Fernán Gómez?
9. ¿Qué dicen Flores y Ortuño?
10. ¿Por qué manda Fernán Gómez que desaten a Frondoso? ¿Qué piensa usted de esto?
11. ¿Por qué no quiere huir el Comendador?
12. ¿Qué concepto repite Flores?
13. ¿Qué jura Fernán Gómez cuando ve al pueblo? ¿Por qué les llama "mi pueblo"?
14. ¿Qué concepto repite Pascuala?
15. ¿Quiénes dan muerte al Comendador, los hombres o las mujeres?

[4] The city of Toro (today in the province of Zamora) was the site of a battle between the forces of Afonso of Portugal and those of Fernando and Isabel. The Catholic Monarchs were the victors.

16. ¿Qué dice Mengo de Flores?
17. ¿Quién persigue a Ortuño?
18. ¿A quiénes matan los habitantes de Fuente

Dick part

Escena III.

La decisión de los reyes.

El rey Fernando, la reina Isabel y don Manrique están en un salón del castillo de los reyes en Toro, en Zamora. Don Manrique informa sobre la última batalla contra Rodrigo Téllez Girón y Fernán Gómez.

MANRIQUE. Ejecutamos tan bien nuestra invasión, sin ningún obstáculo. Hubo poca resistencia. El duque de Cabra quedó al mando del ejército allí, en caso de un contra ataque.

REY. Fue una buena decisión. Es conveniente que Cabra esté a cargo de esa operación. De esta manera estaremos seguros de que Afonso de Portugal, quien intenta tomarse aquel reino, no decida atacarnos. Cabra protegerá nuestro reino como un leal centinela.

(*Sale a escena Flores, herido.*)

FLORES. Católico rey Fernando, a quien el cielo le ha otorgado la corona de Castilla, ya que eres un caballero excelente, escucha la mayor crueldad que se ha hecho en el mundo, de oriente a occidente.

REY. ¡Cálmate!

FLORES. Señor supremo, la gravedad de mis heridas me impiden dilatar mi reporte de un triste caso, porque ya muero. Vengo de Fuenteovejuna, donde con pecho inclemente los villanos dieron muerte a mi señor Fernán Gómez. Osaron matarlo llamándolo tirano, por una razón insignificante. La gentuza° se juntó y atacó su castillo, sin creer que el Comendador haría justicia, como caballero.

gentuza wretched people

Entonces, con impaciente furia atravesaron con sus lanzas la cruz de Calatrava, y lo arrojaron desde las altas ventanas del castillo para que cayera en las puntas de la afiladas lanzas de las mujeres de la villa, quienes lo esperaban en el suelo. Entonces se lo llevaron a una casa, muerto. Mesaron su barba,[1] hirieron su cara, le cortaron las orejas. Borraron la cruz de Calatrava de su pecho.

Clamaban, gran señor, que querían fijar° tu escudo de armas° en Fuenteovejuna. Saquearon° su castillo, se repartieron sus bienes. Yo lo vi todo. Estuve escondido, porque la suerte no deparó mi muerte.° Ya en la noche, pude salir en la oscuridad para venir donde ti y darte cuenta° del triste suceso. Gran señor, ya que eres justo, haz que se castigue como merecen esos bárbaros delincuentes.

fijar to fasten
escudo de armas coat of arms
Saquearon Ransacked, Plundered
deparó mi muerte allowed death to come to me
darte cuenta to inform you

REY. Puedes estar seguro de que no quedarán sin el castigo que merecen. Estoy admirado de este triste suceso. Es mi orden que vaya un juez, ahora mismo, y haga una pesquisa° y luego castigue a los culpables, para que el caso sirva como ejemplo. Ordeno también que vaya un capitán con el juez, para su seguridad.

pesquisa investigation

[1] *mesar la barba:* To pluck the beard of a nobleman was a great insult in Medieval times. El Cid plucked the beard of García Ordóñez. In *El burlador de Sevilla,* Don Juan plucked the beard of the statue of the Comendador.

Y a ti, Flores, que curen tus heridas. ¡Esta gran ofensa merece un castigo ejemplar!

Mientras tanto, en Fuenteovejuna, celebran la muerte de Fernán Gómez en una forma bárbara. Llevan la cabeza del Comendador sobre una lanza, y cantan coplas.

(*Salen a escena todos los habitantes.*)

MÚSICOS. (*Cantan*) *¡Vivan muchos años*
Isabel y Fernando,
y mueran los tiranos![2]

BARRILDO. Canta una copla, Frondoso.

FRONDOSO. Aquí está, y si no rima, que algún poeta la rime:
¡Viva la bella Isabel
y Fernando de Aragón.
Ellos sólo uno son,
él con ella, ella con él!
A los cielos San Miguel
lleve a los dos de las manos.
¡Vivan muchos años,
y mueran los tiranos![3]

LAURENCIA. Ahora es tu turno, Barrildo.

BARRILDO. Aquí está, y va bien preparada.

PASCUALA. Si la cantas con expresión, buena y rebuena° será.

rebuena so very good

[2] "Long live Isabel and Fernando, and death to the tyrants!"

[3] "Here it is, and if it limps, let some poet fix it. 'Long live the fair Isabel and Fernando of Aragón. He is made for her and she is made for him. May Saint Michael (the archangel) guide them by the hand to heaven. Long live Isabel and Fernando, and death to the tyrants!'"

BARRILDO. *Vivan los reyes famosos*
muchos años, pues que tienen
la victoria, y a ser vienen
nuestros dueños venturosos!
Salgan siempre victoriosos
de gigantes y de enanos
y ¡mueran los tiranos![4]

MÚSICOS. (*Cantan*) *¡Vivan muchos años*
Isabel y Fernando,
y mueran los tiranos!

LAURENCIA. Ahora es tu turno, Mengo.

FRONDOSO. Sí, que recite Mengo.

MENGO. Yo soy un poeta inspirado.

PASCUALA. Mejor dirás lastimado detrás de la barriga.°

lastimado detrás de la barriga wounded in the backside of the stomach

MENGO. *Una mañana un domingo*
me mandó azotar aquél,
de manera que el rabel
daba espantoso respingo.
Pero ahora que los pringo.
¡Vivan los reyes cristiánigos
y mueran los tiránigos![5]

MÚSICOS. ¡Vivan muchos años!

ESTEBAN. ¡Llévense la cabeza del Comendador a otra parte!

MENGO. ¡Tiene cara de ahorcado!

(*Juan Rojo muestra a los presentes el escudo de Fernando e Isabel.*)

[4] "Long live our famous King and Queen. May they be happy and serene. God keep them free from woes, and shield them from their foes, whether dwarves or giants. And death to tyrants!"

[5] "One Sunday morning, I was lashed by his order, in such a way that the lute sounded frightful notes. But now I will scorch them! Long live the good old Christian Monarchs, and death to the old tyrants!"

REGIDOR. ¡Ya llegó el escudo real!

ESTEBAN. Déjanos verlo.

JUAN ROJO. ¿Dónde lo pondremos?

REGIDOR. Aquí en el Ayuntamiento.°

Ayuntamiento City Hall

ESTEBAN. ¡Bello escudo!

BARRILDO. ¡Qué contento!

FRONDOSO. Éste es el sol del amanecer° de un nuevo día.

amanecer dawn

ESTEBAN. *¡Viva Castilla y León,*
y la bandera de Aragón,
y muera la tiranía!

Gente de Fuenteovejuna, escuchen las palabras de un viejo, quien nunca dio mal consejo. Pronto, muy pronto, los reyes investigarán la muerte del Comendador. Todos debemos contestar lo mismo.

FRONDOSO. ¿Qué nos aconsejas decir?

ESTEBAN. Debemos responder diciendo *Fuenteovejuna* y nada más, aunque nos torturen en el potro[6] y nos maten.

FRONDOSO. ¡Muy bien! Fuenteovejuna lo ha hecho.

ESTEBAN. ¿Quieren responder así?

TODOS. Sí.

ESTEBAN. Entonces, para ensayar° la respuesta, pretenderé ser el pesquisidor.° Mengo, serás tú quien estará en el puesto del tormento.

ensayar to rehearse

pesquisidor A magistrate appointed to inquire into the circumstances of a violent death

[6] *potro:* The rack was a device used for torture.

MENGO. ¿No encuentras a otro más flaco?° — **flaco** skinny

ESTEBAN. Esto es sólo un ensayo.

MENGO. Está bien, procede.

ESTEBAN. Mengo, ¿quién mató al Comendador?

MENGO. Fuenteovejuna lo hizo.

ESTEBAN. ¡Perro! ¿Y si te torturo?

MENGO. Puedes matarme, señor.

ESTEBAN. ¡Confiesa, ladrón!

MENGO. ¡Confieso!

ESTEBAN. Pues, ¿quién fue?

MENGO. Fuenteovejuna.

ESTEBAN. Den otra vuelta a la rueda.° — **rueda** wheel of the torture rack

MENGO. Fue Fuenteovejuna.

ESTEBAN. ¡Entonces termina el proceso!

(*Entra en escena Cuadrado, el regidor.*)

REGIDOR. ¿Qué hacen ustedes aquí?

FRONDOSO. ¿Qué pasa,° Cuadrado? — **¿Qué pasa?** What is happening?

REGIDOR. Ya llegó el pesquisidor.

ESTEBAN. Hazle entrar.

REGIDOR. Viene con él un capitán.

ESTEBAN. Aunque venga el diablo mismo, ya saben todos qué responder.

REGIDOR. ¡Ya congregan a todo el pueblo, sin excepción!

ESTEBAN. No hay nada que temer. Mengo, ¿quién mató al Comendador?

MENGO. ¿Quién? Fuenteovejuna, señor.

Todos se congregan en la plaza de Fuenteovejuna. El juez comienza su interrogación. Uno por uno los labradores son sometidos a la tortura.

Preguntas

1. ¿Sobre qué informa don Manrique? ¿Qué dice el rey?
2. ¿Qué cuenta Flores?
3. ¿Qué manda Fernando?
4. Describa la forma bárbara en que los de Fuenteovejuna celebran la muerte de Fernán Gómez.
5. ¿Cuál es el tema de sus coplas y de sus cantos?
6. Comente sobre la copla de Mengo.
7. ¿Cómo reacciona Esteban ante la brutalidad de los campesinos?
8. ¿Qué muestra Juan Rojo? ¿Cree usted que esto tenía un gran efecto durante el tiempo de Lope?
9. ¿Cuál es el consejo de Esteban?
10. ¿Qué ensayan? ¿Es esto como otra comedia dentro de la obra? ¿Es realista el ensayo?
11. ¿Qué va a hacer el pesquisidor?
12. ¿Por qué pregunta Esteban una vez más a Mengo quién mató al Comendador?
13. ¿Cómo lleva a cabo su interrogación el pesquisidor?

Escena IV.

¿Quién mató al Comendador?

En su castillo en Almagro, Rodrigo Téllez Girón se entera de la muerte de Fernán Gómez. Le da la mala noticia un soldado mensajero.

RODRIGO. ¡Horrible fue su muerte! Su fin fue trágico. Mensajero, podría darte la muerte por el mensaje que me has traído.[1]

SOLDADO. Yo, señor, traigo un mensaje. No es mi intención ofenderte.

RODRIGO. ¡Es increíble que ese pueblo traicionero tuvo tal atrevimiento! Iré con quinientos hombres y arrasaré Fuenteovejuna. No quedará siquiera° la memoria de sus habitantes.

siquiera not even

SOLDADO. Señor, controla tu enojo, porque los de Fuenteovejuna se han puesto en manos del rey Fernando, y no conviene que enojes al rey.

RODRIGO. ¿Cómo pueden ponerse en manos del rey si son de la encomienda?[2]

SOLDADO. Tú deberás discutir esto, más tarde, con el rey mismo.

RODRIGO. ¿Discutirlo? ¡No! El rey dio a Fernán la encomienda, pero al fin y al cabo° el rey es rey, y yo lo reconozco. El hecho de que° Fuenteovejuna se ha puesto en sus manos calma mi ira. Debo ir donde Fer-

al fin y al cabo after all

El hecho de que The fact that

[1] *mensajero:* Messengers who brought good news were richly rewarded; those who brought bad news could have been punished by the loss of a hand, or even by death. Kings often got rid of their enemies by sending them as messengers with bad news.

[2] Rodrigo does not really understand the laws of the time. The king had jurisdiction over the encomiendas.

nando e Isabel, aunque yo soy el culpable del ataque a Ciudad Real. Fernando sabrá perdonarme debido a mi corta edad. Voy con vergüenza, pero es mi deber de honor.

Rodrigo Téllez Girón se prepara para ir donde Fernando e Isabel y asegurar su perdón. Mientras tanto, en la plaza de Fuenteovejuna, cerca de una fuente, se ven Laurencia y Frondoso.

(*Entra en escena Laurencia.*)

LAURENCIA. Amado, recelar daño en lo amado
nueva pena de amor se considera;
que quien en lo que ama daño espera
aumenta en el temor nuevo cuidado.

El firme pensamiento desvelado,
si le aflige el temor, fácil se altera;
que no es a firme fe pena ligera
ver llevar el temor el bien robado.

Mi esposo adoro; la ocasión que veo
al temor de su daño me condena,
si no le ayuda la felice° suerte.

felice fortunate (*obsolete*)

Al bien suyo se inclina mi deseo:
si está presente, está cierta mi pena;
si está en ausencia, está cierta mi muerte.[3]

(*Entra en escena Frondoso.*)

FRONDOSO. ¡Mi Laurencia!

[3] My beloved, dreading that you may suffer pain becomes one more of love's pains to me. Fearing that pain may do you great harm increases my heart's care.

Unsleeping devotion is easily upset if foreboding afflicts it, for seeing anxiety steal away its treasure is no slight pain for true love.

I worship my husband. The possibility that he may be harmed dooms me if happy fate does not lend him its aid.

My heart's desire is his well-being. If he is present, my grief is certain; if he is absent, my death is assured.

LAURENCIA. ¡Mi esposo amado! ¿Cómo te atreves a estar aquí?

FRONDOSO. ¿Así te preocupa mi amor por ti?

LAURENCIA. Mi amor, cuídate, porque temo que te ocurra algún daño.

FRONDOSO. No quiera Dios, Laurencia, que yo haga algo que te disguste.

LAURENCIA. ¿No has visto lo que han hecho a tus amigos? ¿No temes esa furia feroz del juez? Huye y sálvate, Frondoso.

FRONDOSO. ¿Crees que soy cobarde? No me aconsejes que huya, sin verte, traicionando a mis amigos y mi propia sangre, en esta terrible ocasión.

(*Se escuchan lamentos dentro. Frondoso y Laurencia miran dentro, escondidos.*)

FRONDOSO. Laurencia, escucho voces . . . Si no me equivoco, son las voces de alguien a quien torturan . . . ¡Escucha!

(*El juez hace su interrogación.*)

JUEZ. Di la verdad, buen viejo.

FRONDOSO. (*Aparte*) Laurencia mía, ¡torturan a un viejo!

LAURENCIA. (*Aparte*) ¡Qué crueldad!

ESTEBAN. Suéltenme° por un momento.

Suéltenme Let me go

JUEZ. Ya te suelto. Dime, ¿quién mató al Comendador?

ESTEBAN. Fuenteovejuna lo hizo.

LAURENCIA. (*Aparte*) Padre mío, tu nombre eternizo.° **eternizo** I perpetuate

FRONDOSO. (*Aparte*) ¡Qué valentía!° **¡Qué valentía!** What courage!

JUEZ. Aprieten° a ese muchacho. Perro, yo sé que lo sabes. Di quién mató a Fernán. ¿Callas? Aprieten más los tornillos.°[4] **Aprieten** Tighten up **tornillos** screws

NIÑO. Fuenteovejuna, señor.

JUEZ. ¡Por la vida del rey, villanos, voy a ahorcarlos con mis propias manos! ¿Quién mató al Comendador?

FRONDOSO. (*Aparte*) Atormentan a un niño, y éste lo niega también . . .

LAURENCIA. ¡Pueblo valiente!

FRONDOSO. Bravo y fuerte.

JUEZ. Pongan a esa mujer en el potro.° Aprieten ahora. **potro** rack

LAURENCIA. (*Aparte*) ¡El juez está ciego de cólera!

JUEZ. ¡Villanos, los mataré a todos en este potro, créanme! ¿Quién mató al Comendador?

PASCUALA. Fuenteovejuna, señor.

JUEZ. Aprieten más.

FRONDOSO. (*Aparte*) Nunca confesará.

LAURENCIA. (*Aparte*) Frondoso, Pascuala lo niega.

FRONDOSO. (*Aparte*) Si los niños niegan, ¿de qué te espantas?

[4] The rack had screws (*tornillos*) and wheels (*ruedas*) to tighten and stretch the limbs of those being tortured.

JUEZ. Parece que estos villanos gozan con el tormento. ¡Aprieta más!

PASCUALA. ¡Piedad, Dios mío!

JUEZ. (*Al verdugo*°) ¡Burro, infame, aprieta más! ¿Estás sordo?

verdugo hangman

PASCUALA. Fuenteovejuna lo hizo.

JUEZ. Tráiganme aquel gordo rollizo° medio desnudo.

rollizo plump

LAURENCIA. (*Aparte*) ¡Pobre Mengo!

FRONDOSO. (*Aparte*) Temo que va a confesar . . .

MENGO. ¡Ay, ay!

JUEZ. Comienza a apretar, verdugo.

MENGO. ¡Ay!

JUEZ. ¿Necesitas ayuda?

MENGO. ¡Ay, ay!

JUEZ. ¿Quién mató, villano, al señor Comendador?

MENGO. ¡Ay, yo lo diré, señor!

JUEZ. Verdugo, afloja su mano.

FRONDOSO. (*Aparte*) ¡Él confiesa!

JUEZ. Verdugo, ahora dale un latigazo° en la espalda.

latigazo whipping

MENGO. Un momento . . . y lo diré todo.

JUEZ. ¿Quién mató al Comendador?

MENGO. Señor, fue Fuenteovejunica.°

Fuenteovejunica Good old Fuenteovejuna

JUEZ. ¿Se ha visto tantos bellacos? ¡Se burlan del dolor! Los que creí que confesaran, niegan más rotundamente. Déjalos porque estoy agotado.

FRONDOSO. (*Aparte*) ¡Dios te bendiga, Mengo! Temía que confesaras.

(*Entran a escena Mengo, Barrildo y el regidor.*)

BARRILDO. ¡Viva Mengo!

REGIDOR. Y con razón.

BARRILDO. ¡Bravo, Mengo!

FRONDOSO. Eso digo yo.

MENGO. ¡Ay, ay!

BARRILDO. Toma, come y bebe, amigo.

MENGO. ¡Ay, ay! ¿Qué es?

BARRILDO. Es sidra dulce.[5]

MENGO. ¡Ay, ay!

FRONDOSO. ¡Bébela!

BARRILDO. Ya la bebe . . .

FRONDOSO. La traga bien . . .

LAURENCIA. Dale otra vez de comer.

MENGO. ¡Ay, ay!

BARRILDO. Este vaso es por mí.

[5] *sidra dulce:* Sweet cider is an alcoholic drink in Spain.

LAURENCIA. Lo bebe solemnemente.° — **solemnemente** solemnly

FRONDOSO. El que bien niega° bien bebe. — **bien niega** denies well

REGIDOR. ¿Quieres otra?

MENGO. ¡Ay, ay! Sí, sí.

FRONDOSO. Bebe, que bien lo mereces.

LAURENCIA. Un trago° por cada vuelta del potro. — **Un trago** A drink

FRONDOSO. Vístanlo° porque se hiela.° — **Vístanlo** Dress him; **se hiela** he is freezing

BARRILDO. ¿Quieres más?

MENGO. Sí, tres veces más. ¡Ay, ay!

FRONDOSO. Mengo pregunta si hay vino.

BARRILDO. Sí hay. Bebe como gustes. ¿Qué tiene de malo el vino?[6]

MENGO. Está agrio. Vamos, que me resfrío.° — **me resfrío** I am catching a cold

FRONDOSO. Que beba este otro que es mejor. ¿Quién mató al Comendador?

MENGO. Fuenteovejunica, señor.

(*Salen todos, pero se quedan Frondoso y Laurencia.*)

FRONDOSO. Es justo que se le hagan honores. Pero dime, mi amor, ¿Quién mató al Comendador?

LAURENCIA. Fuenteovejunica, mi bien.° — **mi bien** my darling

FRONDOSO. ¿Quién lo mató?

[6] Mengo probably made a gesture of disgust when he tried the wine.

LAURENCIA. ¡Me das espanto! Pues fue Fuenteovejuna.

FRONDOSO. Y yo, ¿con qué te maté?

LAURENCIA. ¿Con qué? Con quererte tanto.

Todos los habitantes de Fuenteovejuna regresan a sus hogares. Su destino está en manos del juez, quien informará sus pesquisas a los reyes católicos.

Preguntas

1. ¿Qué informa un mensajero a Rodrigo? ¿Qué hacían a los mensajeros que traían malas noticias en ese tiempo?
2. ¿Qué piensa hacer Rodrigo? ¿Recuerda usted a un personaje de la literatura similar a Rodrigo?
3. ¿Qué le aconseja el soldado a Rodrigo? ¿Por qué?
4. ¿Qué cree Rodrigo de la encomienda? ¿Por qué cambia de idea?
5. ¿Para qué va a ir Rodrigo a ver a Fernando e Isabel?
6. Explique el contenido del soneto de Laurencia.
7. ¿Qué consejo da Laurencia a Frondoso? ¿Quiere huir Frondoso?
8. Cuando torturan a los habitantes de Fuenteovejuna, ¿a quién culpa Esteban? ¿A quién culpa el niño? ¿A quién culpa Pascuala?
9. ¿Quién es el gordo rollizo?
10. ¿Qué teme Frondoso?
11. Describa cómo se queja Mengo.
12. ¿Qué confiesa al fin Mengo?
13. ¿Qué concluye el juez?
14. ¿Qué hacen todos luego?
15. ¿Cómo "mató" Frondoso a Laurencia?

Escena V.

La justicia de los reyes.

Isabel se encuentra en una habitación del castillo de los reyes en Tordesillas.[1] Fernando está de paso° hacia Portugal.

de paso passing through

ISABEL. No esperaba hallarte aquí, Fernando. Ésta es mi buena suerte.°

buena suerte good luck

FERNANDO. Es la gloria de mis ojos verte, Isabel. Yo estaba de paso a Portugal y tuve que parar aquí.

ISABEL. Su majestad° es siempre sabio.

Su majestad Your majesty

REY. ¿Cómo dejaste a Castilla?

ISABEL. Está tranquila.

REY. No me maravillo porque eres tú quien la tranquiliza.

(*Entra en escena don Manrique.*)

MANRIQUE. Rodrigo, el Maestre de Calatrava acaba de llegar y pide audiencia.

ISABEL. Yo tenía mucho deseo de verlo.

MANRIQUE. Juro, mi señora, que aunque es casi un niño es un valeroso soldado.

(*Sale don Manrique, y entra en escena Rodrigo.*)

RODRIGO. Rodrigo Téllez Girón, Maestre de Calatrava, quien siempre loa° a sus reyes, se

loa praises

[1] *Tordesillas* is a town in Valladolid, Spain. In 1494, a treaty between Spain and Portugal was signed there. By the provisions of that treaty, the entire world was divided between those two countries.

hinca° humildemente° a sus pies y les pide perdón. Admito que fui engañado y mal aconsejado y excedí los límites de mi lealtad a mis reyes. Fernán Gómez de Guzmán me engañó con sus malos consejos. Y así, humildemente, les pido perdón.

se hinca kneels down
humildemente humbly

Y si me conceden esta merced que suplico, juro desde este momento servirles con lealtad. Prometo servirte Fernando, en esta campaña contra Granada, que ahora preparas. Te prometo que verás el valor de mi lanza. Iré con quinientos soldados y verás la cruz de Calatrava sobre las altas almenas de Granada. Juro, por mi honor, que nunca te causaré disgusto.[2]

REY. Levántate, Rodrigo. Es suficiente que hayas venido, para que yo bien te reciba.

RODRIGO. Tú consuelas mi alma afligida.

ISABEL. Hablas con el mismo valor que tienes.

RODRIGO. Tú eres una bella Éster, y tú un Jerjes[3] divino.

(*Entra en escena don Manrique.*)

MANRIQUE. Señor, el juez que enviaste a Fuenteovejuna pide audiencia.

REY. (*A Rodrigo*) Tú serás el juez de los infames de Fuenteovejuna.

[2] Rodrigo proved to be a loyal follower of the monarchs. He distinguished himself while fighting at their side in Granada, the last Moorish stronghold in Spain.

[3] Esther was a beautiful Jewish orphan, raised by her cousin Mordecai. She married Xerxes, King of Persia, who did not know that she was Jewish. After an advisor convinced the King to execute all Jews, she revealed her religion at the risk of her own life to save her people. Moved by his wife's plea, the King spared the Jews and executed his advisor.

RODRIGO. Si no estuviera en tu presencia, señor, ¡les enseñaría cómo matar comendadores!

REY. Rodrigo, eso ya no te toca° a ti.

eso ya no te toca that doesn't concern you now

ISABEL. Si Dios permite, Fernando, el poder será tuyo.

(*Entra el juez.*)

JUEZ. Fui a Fuenteovejuna, como me mandaste, y con muy especial cuidado hice mi investigación del delito. Y no tengo ni siquiera una hoja escrita que compruebe mi pregunta: ¿Quién mató al Comendador? Todos respondieron a una voz: Fuenteovejuna, señor.

Torturé a trescientos, sin resultado. Puse en el potro hasta a niños de diez años, y no he podido averiguarlo ni con halagos° ni engaños. Y ya que no hay esperanza de averiguar la verdad, tienes mi rey dos opciones: O los perdonas a todos o los matas sin excepción. Todos han venido ante ti, mi rey, para corroborar° lo que digo. Tú podrás informarte, por ti mismo.

halagos flattery

corroborar confirm

REY. Diles que entren.

(*Entran en escena los dos alcaldes, Frondoso, las mujeres y muchos villanos.*)

LAURENCIA. ¿Éstos son mis reyes?

FRONDOSO. Sí, son los soberanos de Castilla.

LAURENCIA. ¡Por mi fe,° que son hermosos![4] ¡Que los bendiga San Antonio![5]

Por mi fe Upon my faith

[4] *¡Por mi fe, que son hermosos!* Laurencia, in a spontaneous way typical of the peasants of the time, admires her rulers.

[5] *San Antonio* (1195–1231) was a saint from Padua, Italy. He was renowned for his many miracles.

ISABEL. ¿Y éstos son los agresores?

ESTEBAN. Fuenteovejuna, sus majestades, llega humildemente dispuesta a servirles. La excesiva tiranía y el insufrible rigor de Fernán, el muerto Comendador quien mil insultos nos hacía fue el autor de tanto daño. Él nos robaba nuestras propiedades, y forzaba sin piedad a nuestras mujeres.

FRONDOSO. Fue tan cruel que me quitó esta zagala después de habernos casado, la noche de nuestra boda. Y como si fuera suya se la llevó a su casa. Esta zagala me concedió el cielo, porque he sido tan dichoso que nadie en el mundo me iguala. Si ella no hubiera sabido protegerse, ya que es la virtud personificada, hubiera pagado caro la lujuria del Comendador.

MENGO. ¿Ya no es mi turno de hablar? Si mis reyes me permiten, se asombrarán de la manera como Fernán me trató. Porque quise defender a una moza de sus insolentes secuaces quienes iban a abusarla, ese perverso Nerón dejó mi reverso° como rodaja° de salmón. Tres hombres azotaron mis nalgas, sin descanso, y creo que los cardenales aún están allí. Para curar mis morados he usado polvos de arrayán y murta,[6] que cuestan más que mi cortijo.°

reverso backside
rodaja slice
cortijo farmhouse

ESTEBAN. Señor, queremos ser tus vasallos. Tú eres nuestro rey y en tu defensa hemos tomado las armas. Confiamos en tu clemencia y esperamos que creas nuestra inocencia.

[6] *arrayán . . . murta:* These are varieties of myrtle thought to have healing properties.

¿Y éstos son los agresores?

REY. A pesar de que el crimen es grave, me veo forzado a perdonarlos, porque no hay prueba del delito. Fuenteovejuna, entonces quedará bajo mi jurisdicción hasta que la herede otro comendador.

FRONDOSO. ¡Su majestad habla con tanta sabiduría! Y aquí, discreto senado,[7] termina *Fuenteovejuna*.

Preguntas

1. ¿Dónde están los reyes católicos? ¿Por qué paró allí Fernando?
2. ¿Quién pide audiencia a los reyes? ¿Por qué?
3. ¿Qué pide Rodrigo a sus reyes? ¿Qué excusa da? ¿Qué promete? ¿Le perdonan los reyes?
4. ¿Quiénes salen en escena en ese momento? ¿Qué admira Laurencia?
5. ¿Por qué pregunta Isabel si ésos son los agresores?
6. En sus propias palabras, ¿qué dice Esteban? ¿Qué dice Frondoso? ¿Qué dice Mengo?
7. ¿Por qué razón técnica perdona Fernando a los habitantes de Fuenteovejuna?
8. ¿Quién era el discreto senado? ¿Cómo eran los teatros del tiempo de Lope?

[7] *discreto senado:* During the Spanish Golden Age, plays were very popular with all social classes. The higher classes sat on the balconies of houses located around a public square. In the front of the square was the stage. These theaters were called *corrales*. The poorer classes watched the plays standing up in front of the stage and were called the *honorable senado*. They were very demanding and, when displeased, would throw vegetables or eggs at the actors. Lope shows here that he is quite aware of this practice.

Vocabulario

The Master Spanish-English Vocabulary presented here represents the vocabulary as it is used in the context of this book.

The nouns are given in their singular form followed by their definite article only if they do not end in **-o** or **-a.** Adjectives are presented in their masculine singular form followed by **-a.** The verbs are given in their infinitive form followed by the reflexive pronoun **-se,** if it is required; by the stem-change **(ie), (ue), (i)**; by the orthographic change **(c), (z), (zc)**; by **(IR)** to indicate an irregular verb, or by the preposition that follows the infinitive.

A

aborrecer (zc) to hate, abhor
abrasar to burn
aceite, el oil
acometer to attack, assault
aconsejar to advise
acordar to agree
acordarse (ue) to remember
acta act, record
afilar to sharpen
afligir (IR) to afflict, sadden
aflojar to loosen
afrentar to affront, insult
agarrar to grab
agradecer (zc) to thank
agravio (el) offense, harm
agrio, -a sour
ahijado, -a godchild
ahorcar to kill by hanging
alabar to praise
alborotar to disturb, agitate
alcahuete, el go-between, procurer
alcalde, el mayor
alevoso, -a treacherous
alférez, el ensign
almacenar to store
almena battlement
alzar to raise, lift
amamantar to nurse
amanecer, el dawn
amenazar (c) to threaten
amistad, la friendship
amoratado, -a bruised, black and blue
amordazar (c) to gag
amparar to protect
antepasados, los ancestors
anzuelo fish hook
apedrear to stone
apetecer (zc) to desire
apostar (ue) to bet
apoyar to be in favor of, support
apresar to seize, take prisoner
apretar (ie) to squeeze, tighten
aprovecharse (de) to take advantage (of)
arder to burn
arrasar to level, demolish
arrastrar to drag along the ground
arrayán, el myrtle
arriesgar (gu) to risk
arrojar to throw, cast, fling
arroyo brook
arruinar to ruin
arrullo cooing (*of doves*)
asombrar to astonish
asta flagpole; staff (*of a lance or spear*)
atabales, los kettledrums, (*fig.*) buttocks
atar to tie
atemorizar to frighten, terrify
atravesar (ie) to cross, go over
atreverse (a) to dare
aumentar to increase, add to
ausencia absence
azotar to whip
azuzar to provoke, incite

B

báculo staff, cane (*symbol of office*)
bajeza lowliness, meanness
ballesta crossbow
banco bench
bandera flag
bañar to bathe
barbero barber
barriga belly
batallar to do battle

bellaco knave, rogue
bendecir (IR) to bless
besar to kiss
bolso *or* **bolsa** bag, hand bag
borrar to erase
brío spirit, resolution, courage
buena voluntad, la good will
buñolero fritter maker, doughnut maker
burlar to deceive; to seduce

C

cabalgar to ride a horse
caballero knight, nobleman
cachorro cub
calabaza pumpkin
callar to be silent
campana bell
casco helmet
castigar to punish
castillo castle
caudillo leader, commander
cazar to hunt
cebada barley
ceñirse espada to wear a sword
cerdo pig
cesta basket
ciego, -a blind
cita rendezvous, appointment
coadjutor, el someone appointed to assist
colgar (ue) to hang
comarca district
comedia play, drama
comendador, el chief commander
compadre, el godfather; good friend
concejo town hall
concertador, el expediter, arranger
confiarse (de *or* **en)** to trust oneself
conseguir (i) to attain, get
convenio agreement
copla song, verse
corazonada premonition, hunch; impulse
cordel, el cord, rope
corroborar to confirm, corroborate
cortejo courting
cortesía courtesy, politeness
cortijo farm
cortina curtain
cosecha harvest
cruz, la cross
cruzar (c) to cross
cual, el *or* **la** he *or* she who, which
cubrir to cover
cuchillada slash with a knife
cuero leather
cuestión, la matter, question
cueva cave, cove
culpable guilty

CH

chisme, el gossip
chiste, el joke

D

dar voces to shout
dejarse to allow
demasía excess; boldness, audacity
demorar to delay
derribar to knock down; to tear down
derrotar to defeat
desatar to untie
desatino madness; foolishness
descalabrarse to break one's skull
descortés discourteous
descuidarse to neglect, be careless
desdén, el scorn, contempt
desdeñar to disdain
desdichado, -a wretched, unfortunate
desheredar disinherit
desmontar to get off a horse, dismount
desposado, -a newlywed
dilatar to delay
disfrutar to enjoy
disimular to overlook, let pass
disparar to shoot
dispuesto, -a fit, ready
doler (ue) to ache, hurt
dominio domain, power; domination
donaire, el grace, charm
dote, el dowry
duda doubt
dureza hardness

E

edad, la age
ejército army, military force
empellón, el shove, push
empresa undertaking
emular to imitate, emulate
enarbolar to raise (*a flag*)
encolerizado, -a angry

encolerizar to anger
encomienda district under knight commander's jurisdiction
encontrar (ue) to find
enemistad, la enmity, hatred
enfadoso, -a bothersome
enfrente in front
enfurecer (zc) to enrage
engañar to deceive
enmendar (ie) to correct; to amend
enojar to anger
enriquecerse (zc) to enrich oneself
ensayar to practice
ensuciar to soil
entero, -a whole
envainar to sheathe (*a sword*)
envenenar to poison
enviar to send
envidioso, -a envious
esconderse to hide oneself
escuadrón, el squadron
espada sword
espadaña cattail
espantar to frighten
esperar to wait
estilo style
estrago destruction, damage
evitar to avoid
exceder to exceed, surpass
extraño, -a strange, odd

F

fallar to fail
fiera feline, wild animal
forzar to force; to rape
fuerzas, las forces, strength
fulminar to strike, kill by lightning
fúnebre mournful, gloomy

G

galantería gallantry; charm
galgo greyhound
gama doe
ganso goose
gatillo trigger
gentuza despicable people
gozar to enjoy
guerra war

H

halagar to flatter
hallarse to find oneself
hasta until
hazaña feat
heredar to inherit
hilandera woman who spins; (*fig.*) spinster
hincarse to kneel down
hinchado, -a swollen
hogar, el home
homenaje, el homage
honda sling for casting stones
honrar to honor
humilde humble
hundir to sink

I

impedir (i) to hinder, impede
importar to matter, be important
imprimir to print
ingenio ingenuity, cleverness
instigar to provoke, incite
interponerse (IR) to place between, interpose
intrepidez, la courage, boldness

J

jaspe, el jasper (*a very hard precious stone*)
jerga gibberish; slang
juego play, amusement, game
juez, el judge
juncia a kind of marsh plant
juntarse to meet, join
justamente justly

L

labrar to till, cultivate, work
lágrima tear
lascivo, -a lascivious, lustful
lastimar to hurt, wound; to offend
lavativa enema
legumbre, la vegetable
licenciado university student, scholar; holder of a degree
liebre, la hare
lienzo linen cloth; canvas

ligereza lightness, agility, nimbleness
loar to praise
lobo wolf
locura madness
lugar, el place
lujuria lust, lechery

LL

llave, la key
llegar to arrive
llevar a cabo to carry out

M

maestre, el Master of a military order
maravedí, el old Spanish coin
marido husband
masa dough
mástil, el mast
matorral, el thicket, underbrush
mediano, -a mid, average
medida measure
medio, -a mid, half
mentiroso, -a liar; lying
merecer (zc) to deserve
mostrar (ue) to show
motín, el insurrection; uprising
mozo young man
murta myrtle

N

nalga buttock
nave, la ship
necio, -a foolish, stupid
negar (ie) to deny
nombrar to name, appoint
noticia news, information

O

obtener to obtain
olla pot
orgullo pride
orgulloso, -a proud
osado, -a daring
osar to dare
otorgar to grant
oveja sheep

P

palo stick, pole
parar to stop
pariente, el *or* **la parienta** relative
partidario, -a supporter, partisan
partir to depart; to divide
pecho chest
pedrada blow with a stone
pegar to strike
pelear to fight
pena sorrow
pendón, el standard, banner
perdonar to forgive
pertenecer (zc) to belong
perverso, -a perverse, extremely wicked
pesar, el sorrow
pesquisa inquiry, investigation
pesquisidor, el judge who inquires into a violent death; investigator
piedad, la mercy, pity
pósito public granary
postigo small door placed in larger one
potro rack (*instrument of torture*)
predicar (qu) to preach
presto fast, quick
probar (ue) to try; to taste
procurar to try
prólogo prologue
propio, -a one's own
propósito purpose
pulir to polish, burnish

Q

quemar to burn
quien who, which
quitar to take away

R

rabiar to rage, get furious
rama branch

recado message
recibir to receive
red, la net
regañar to snarl, grumble; to scold
regidor, el alderman, councilman
regresar to return
reina queen
reírse (i) to laugh
remache, el rivet, clinch nail
rendirse (i) to surrender
renombre, el renown, reputation, fame
repartir to distribute
resguardar to protect, defend
restituir (y) to give back; to restore
retornar to return
retroceder to go back; to draw back
reventarse (ie) to burst
rey, el king
rezar (c) to pray
rienda rein of a bridle
ristre, el socket (*for a lance*)
rodaja slice
rogar (ue) (gu) to beg
rollizo, -a plump, fat
rostro face
rueda wheel

S

sabiduría knowledge, wisdom
sacar (qu) to take out
sagrado, -a sacred, venerable
salpicón, el chopped meat dish
saltar to jump
satisfecho, -a satisfied
secuaz, el *or* **la** follower, partisan
secuestrar to kidnap
senado senate; audience in plays
sinvergüenza, el *or* **la** shameless one, scoundrel
siquiera (ni) scarcely
soberbia pride, haughtiness
sobrar to exceed; to be more than enough
socorrer to aid, help
soltar (ue) to let go
sombra shadow
someter to subject
sosiego peace, calm
suegro father-in-law
superar to surpass
suplicar to implore, beg
suplir to overlook, excuse; to make up for

T

tañer to toll a bell
temblar (ie) to tremble
temeroso, -a fearful
tiempo time
tierno, -a tender
tinta ink
tirar to throw
toca woman's headdress
tomado, -a taken
tormenta storm
tornarse to turn into, become
torpe lascivious, unchaste; stupid, clumsy
tosco, -a coarse, unpolished; unrefined
trance, el bad situation
truncar to spoil; to mutilate

U

umbral, el threshold

V

vara staff, cane (*symbol of office*); walking stick
vejar to scoff, vex; to insult
venado deer
vengarse to avenge oneself, take revenge
ventaja advantage
verdad, la truth
verdugo hangman, executioner
vergüenza shame
verter (ie) to pour
vileza vileness, depravity

Z

zagal, el lad, youth
zagala lass, young woman